科技金融

中国经济跃迁助推器

鲁政委
王　猛
陈　昊　著

人民日报出版社
北京

图书在版编目（CIP）数据

科技金融：中国经济跃迁助推器 / 鲁政委，王猛，陈昊著. -- 北京：人民日报出版社，2025.6. -- ISBN 978-7-5115-8820-3

Ⅰ. F832

中国国家版本馆CIP数据核字第20256HA314号

书　　名：科技金融：中国经济跃迁助推器
　　　　　KEJI JINRONG：ZHONGGUO JINGJI YUEQIAN ZHUTUIQI
作　　者：鲁政委　王　猛　陈　昊

责任编辑：南芷葳　蒋菊平
版式设计：九章文化

出版发行：人民日报出版社

社　　址：北京金台西路2号
邮政编码：100733
发行热线：（010）65369509　65369527　65369846　65369512
邮购热线：（010）65369530　65363527
编辑热线：（010）65369528
网　　址：www.peopledailypress.com
经　　销：新华书店
印　　刷：大厂回族自治县彩虹印刷有限公司
法律顾问：北京科宇律师事务所　（010）83622312

开　　本：710mm×1000mm　1/16
字　　数：248千字
印　　张：17.5
版次印次：2025年6月第1版　　2025年6月第1次印刷

书　　号：ISBN 978-7-5115-8820-3
定　　价：65.00元

如有印装质量问题，请与本社调换，电话：（010）65369463

当前，世界百年未有之大变局加速演进，新一轮科技革命和产业变革深入发展。全球主要经济体之间的科技创新和科技产业化竞争趋于白热化。与此同时，各国长期经济发展的经验表明，技术进步驱动的全要素生产率提升是最重要的因素。为此，2023年的中央金融工作会议明确将科技金融作为"五篇大文章"之首提出，其既承载着支持我国科技创新和科技产业化的期冀，也是我国经济"火箭"能够跃迁进入高质量轨道的"第一级推进器"。

科技金融是金融，但要做好科技金融，却不能局限于金融，而是需要对科技演进方向、创新逻辑、产业规律等进行细致入微的理解。基于"大投行、大资管、大财富"领域的禀赋与优势，兴业银行早在2017年就确立了"商行+投行"的发展战略。有别于其他领域金融服务，支持科技金融发展不仅需要传统商行服务，更需要各类投行服务的有效支持，这也使得兴业银行自然而然成为我国科技金融的探路者。兴业研究是兴业银行致力于研究赋能业务的单元，我们的研究一开始就深深嵌入科技金融的业务之中。本书其实是我们在业研赋能过程中的体会和感悟，期待能够给我国的科技金融贡献一份力量。根据我们的研究，**科技金融除金融外，还与产业、创新、政策等领域密切相关。**

在金融与产业视角下，科技金融的重心应该与产业升级的方向相一致。进入高质量发展阶段，我国产业呈现从"引进成熟产业"到"培育新兴产业"、从"雁阵被动迁移"到"头雁主动出海"、从"低端环节转出"到"高端环节发展"

三个趋势，科技金融应该契合产业结构的演化。更进一步，金融不应仅被动顺应产业发展，还应主动推动变革发生。诺贝尔奖得主约翰·希克斯提到，工业革命的技术早已存在，而之所以工业革命未能早早发生，主要是由于缺乏匹配的金融服务支持，以至于"工业革命等候金融创新"。陈雨露曾指出，以现代商业银行为特征的第一次金融革命为第一次工业大革命提供了大规模的资金支持，以现代投资银行为特征的第二次金融革命为第二次工业革命重构了资本基石，以创业投资体系为特征的第三次金融革命为第三次工业革命缔造了新的推动力量。当前，第四次工业革命赋予了金融业新的历史使命。[①]金融科技引领的金融业集成创新将成为第四次金融革命的突出特征。金融体系能否完成支持第四次工业革命的历史使命，金融变革怎样支持实体经济创新发展，既是需要解决的关键问题，也是我国从金融大国稳步迈向金融强国的关键。

在金融与创新视角下，科技创新包括六个环节。各环节的金融需求存在显著差异，需要精准匹配合适的金融供给，即针对不同的"锁"配不同的"钥匙"。具体来看，科技创新包括科学研究、概念验证、产品熟化、行业引入、行业成长、行业成熟六个环节。前三个环节（科学研究、概念验证、产品熟化）属于"创新产生"，以构建新理论为起点，以开发新产品为终点，具有投入周期长、产出不确定和产出外部化的特点，需要财政资金、政策性金融和商业性金融三方接力。后三个环节（行业引入、行业成长、行业成熟）属于"创新扩散"，以出现新产业为起点，以产业成熟为终点，具有验证周期短、风险可估计、收益内部化的特点，适合包括商业银行间接融资和资本市场直接融资在内的商业性金融。

在金融与政策视角下，传统观点认为，创新就是纯粹的市场行为，把一切交给市场就好了。但是，全球主要经济体的成功实践表明，现实并非如此。以

---

① 陈雨露."双循环"新发展格局与金融改革开放[EB/OL].(2020-12-08)[2025-03-25]. http://www.pbc.gov.cn/redianzhuanti/118742/4122386/4122510/4139318/index.html.

目前全球创新最活跃的硅谷地区为例，美国研究者阿伦·拉奥、皮埃罗·斯加鲁菲在《硅谷百年史：创业时代》一书中明确指出："对于硅谷所取得的伟大成就，应把功劳归于最大的风险投资者：政府。湾区的高科技历史可以看作是一个受益于技术军转民的最佳示范，也是政府进行整体干预的完美案例。"他们还指出："风险投资发端于政府行为。1958年通过的《小企业投资法案》被认为是受到专业管理的风险投资行业的开端。"① 弗朗西斯·福山也指出："硅谷在很多方面是政府产业政策（DARPA）② 的产物。"③ 因此，政府的制度设计、财政资金（包括财政拨款和政府采购等）、政策性金融等，也是科技金融不可或缺的重要组成部分。成功的科技金融，不止是商业银行和私募股权，"需要一场财政资金、政策性金融、种子基金、私募股权投资、商业银行融资、资本市场无缝对接的接力"④。

本书共分五章。

第一章对金融与产业、创新、政策之间的关系进行了论述。

第二章研究了以美国为主的境外创新制度和科技金融模式。制度创新学派认为，技术创新需要设定有效的激励制度，以激励企业家精神；国家创新学派认为，技术创新不仅需要激发企业家精神，还需要由国家创新系统推进。融合两种学派的见解，科技创新的制度设计既需要在市场有效的领域对创新主体进行激励，又需要在市场失效的环节对缺失要素进行补足。具体来看，"创新产生"阶段市场失灵，其中，科学研究环节得到了财政资金的保障，但概念验证环节

---

① 阿伦·拉奥，皮埃罗·斯加鲁菲.硅谷百年史：创业时代[M].北京：人民邮电出版社,2016：4-7.

② DARPA 全称为国防部高级研究计划局（Defense Advanced Research Projects Agency），是美国国防部下属的一个行政机构，负责研发用于军事用途的高新科技，其最早为成立于1958年的高等研究计划局（ARPA），1972年改为DARPA。

③ 彼得·蒂尔与福山的对话（2012）：提高关税保护就业（或许是特朗普关税想法来源）[EB/OL].（2025-03-13）[2025-03-31], https://baijiahao.baidu.com/s?id=1826500980049329656&wfr=spider&for=pc.

④ 鲁政委.创新生态与四链融合[EB/OL].（2025-03-21）[2025-03-31]. https://app.cibresearch.com/shareUrl?name=402388a095a83a570195b272671c00bc&appVersion=5.3.5&code=001F781w334ZC43aa42w3BmcCo4F781P&state=STATE.

和产品熟化环节却容易被政府忽视。美国通过建立科技成果转化政策和国家种子基金制度，较好地填补了这两个环节的资金缺口。"创新扩散"阶段市场有效，但不同国家在不同环节的成效有所不同。美国发达的直接融资体系能够有效促进行业引入环节的发展，但产业政策的缺失和摇摆使得美国对行业成长和行业成熟环节支撑较为乏力。之所以借鉴美国的创新制度和科技金融模式，是因为其在"创新产生"阶段构建了全球最成熟的创新生态系统，并造就了硅谷这一典型代表。相比之下，德国和日本在"行业扩散"阶段有其独特的制度设计（例如德国的学会制度[①]、日本的独立行政法人研究机构制度[②]），而在"行业产生"阶段的中小企业促进政策、产业转化政策同样借鉴自美国，但未达到美国的实践效果。

第三章考察了我国科技金融的具体产品模式。商业银行是我国金融体系最重要的组成部分，不仅拥有最为庞大的总资产，也为各经济部门提供了最多的融资。随着我国金融体系的发展，银行集团不仅拓展了传统贷款融资的模式，也逐步拥有了多种非银金融牌照，可提供更加多元化的科技金融服务。时至今日，商业银行已可以在信用贷款、知识产权质押融资、并购贷款、创新贷款利率定价机制、认股选择权贷款、跨区域联合授信、基金债、表内股权投资和特殊目标收购公司等领域为科技企业提供投融资服务。其中，"认股选择权"是商业银行服务"早小硬"企业（即科技小微）的关键工具。科技小微作为科技创新的重要力量，在一般信贷模式下面临着"两头不靠"的融资困境：若简单按普惠小微的模式来融资，由于单笔额度偏低，导致"不解渴"；若简单按照科创贷款的模式来融资，由于尚未获得科创称号，导致"够不着"。附加认股选择权的贷款作为一种创新模式，通过分享科技小微的潜在高收益，来弥补银行潜在的高风险，使银行有能力成为服务"早小硬"企业的"耐心债务资本"。

---

① 德国科技创新态势分析报告课题组.德国科技创新态势分析报告[M].北京:科学出版社,2014:
36-56.

② 日本科技创新态势分析报告课题组.日本科技创新态势分析报告[M].北京:科学出版社,2014:
15-27.

　　第四章探讨了我国科技金融客户界定、兴业研究科技行业分类和科技行业分析框架。科技金融客户的界定口径包括科技型企业口径和科技相关产业口径两类：前者是对"企业"进行界定，具备特定标签的企业均可看作科技型企业；后者是对企业所在的"行业"进行界定，选定行业下的企业均可以归入科技金融客户。然而，在科技相关行业口径下，由于细分行业颗粒度不够精细，导致统计数据过于泛化，同时科技行业内部尚未建立统一的标准。为了解决这一问题，兴业研究尝试编制了《兴业研究科技行业分类》。随着科技金融的授信模式逐渐从"数砖头"的抵押模式转向"看发展"的信用模式，对银行机构科技行业认知能力的要求不断提升：银行需要看懂前沿技术，解读商业模式，预测发展趋势，明确企业在行业中的位置，评估企业的核心竞争力和未来的偿债能力。鉴于业务人员需要花很大精力才能看懂不同的行业，因此需要构建一个基于产业竞争视角的通用行业分析框架，从而使其快速把握行业发展趋势。该通用框架由两个共性指标构成：一是渗透率，体现产业生命周期和需求总量；二是国产化率，体现国产替代进程和供给结构。为了弥补单一指标的局限性，我们建立了"渗透率—国产化率"的二维分析矩阵，并将行业对应至具体阶段。

　　第五章细化了科技金融在操作层面的业务方法，旨在解决"企业好不好"和"好企业能贷多少"的问题。科技企业的特点是硬信息（定量的、客观的信息）少、软信息（定性的、主观的信息）多。由于软信息更难采集、传递和使用，加剧了银企之间的信息不对称，进而造成银行内部业务流程中的信息不对称。在审贷分离、风险控制逐层收敛的业务流程中，软信息在银行内部传递过程中严重流失，最终会导致银行决策趋于保守。解决这一堵点的关键在于软信息的使用。在企业评价方面，我们期望通过考察技术创新、行业趋势、公司治理和资金流转这四类软信息，对科技企业进行综合评价，进而助力业务人员把握现状、预测未来，回答"企业好不好"的问题。在审查审批方面，结合《流动资金贷款管理办法》及技术流理念，我们建立了科技企业授信测算方法，实现了软硬信息结合的授信额度测算，从而回答"好企业能贷多少"的问题。

CONTENTS
目录

第一章 ———————————————————————————

金融与政策、产业和创新的关系

第二章 ———————————————————————————

科技金融的海外经验借鉴

金融与政策、产业和创新的关系

随着我国经济进入高质量发展阶段，"科技、产业、金融"的新三角循环将取代"房产、土地、金融"的旧三角循环。科技金融落脚于金融但不仅仅限于金融，而是涉及金融与产业、创新、政策等领域的关联。在金融与产业视角下，科技金融应该契合产业结构的演化方向。在金融与创新视角下，在"创新产生"和"创新扩散"的不同环节，科技金融应该配置不同的金融供给。在金融与政策视角下，创新不仅是市场行为，更需要政府与市场的无缝接力。

第一节　我国科技金融的政策脉络

科技创新位居国家发展全局的核心地位。科技创新的战略定位历经毛泽东同志号召"向科学进军"、邓小平同志确立"科学技术是第一生产力"、江泽民同志提出"科教兴国"战略、胡锦涛同志提出"提高自主创新能力、建设创新型国家"重大战略目标，到习近平总书记在新时代创造性提出科技创新是"发展新质生产力的核心要素"的演进脉络，形成了马克思主义生产力理论中国化时代化的创新突破。伴随这一进程，科技金融政策体系逐步完善，从早期侧重金融体系内部的单一金融政策，演进为涵盖金融、科技、产业、财税、贸易、人才等跨领域的全面创新政策。本节梳理了改革开放以来我国科技金融政策的演进历程，并着重剖析2023年之后我国科技金融的核心发展方向。

一、改革开放以来的科技金融政策

改革开放以来，我国对于科技创新的重视程度逐步增强，为有效推动科学技术创新发展，党中央、国务院持续从财税、金融、休制机制等多个方面出台了一系列政策予以支持。从党中央对于科技创新的重视来看，1978年3月举行的全国科学大会就已经明晰了科学技术是生产力的论断。1985年，中共中央发布《关于科学技术体制改革的决定》，从运行机制、组织结构、人事制度等多个方面全面启动了科技体制改革。

在明确了"科学技术是第一生产力"的基础之上，考虑到金融资源不仅是支持科技创新的"源头活水"，更是使科技创新转化为生产力、实现价值变现的必要条件，我国从20世纪80年代就开始着力推动科技金融的发展。在1985年中共中央发布的《关于科学技术体制改革的决定》中，党中央明确提出了"银行要积极开展科学技术信贷业务，并对科学技术经费的使用进行监督管理""企业可以按规定把技术开发费用分期摊入成本，也可以向银行申请技术开发贷款"等要求。在此之后，相关部门根据我国实际，结合境外经济体的先进经验，从多方面政策的角度促进"几家抬"，将金融资源引入科技创新的"沃土"。具体来看，我国的科技金融政策大致经历了以下几个阶段。

第一阶段是1985年至2005年，这一阶段我国科技金融政策的特点是以贷款为主，同时规模相对有限。1985年，中共中央发布《关于科学技术体制改革的决定》，在鼓励银行积极开展科学技术信贷业务的同时，也明确要求"对于变化迅速、风险较大的高技术开发工作，可以设立创业投资给以支持"。1985年，为了落实中共中央相关文件的精神，中国人民银行、国务院科技教育领导小组联合发布《关于积极开展科技信贷的联合通知》，明确鼓励银行开展各类科技信贷。值得注意的是，虽然在政策层面对科技贷款进行了鼓励支持，实践中亦有不少银行基于支持科技发展等目的发放了一定规模的科技贷款，但由于彼时我国银行体系、金融体系仍有待进一步健全等原因，相关科技贷款出现了不少不良贷款。与此同时，虽然创业投资、风险投资等海外"舶来品"在我国以点状形式进行了部分发展，但是无论在政策层面还是市场层面对其重视程度都相对有限，实践中的规模也相对较小。

第二阶段是2006年到2014年，这一阶段我国以贷款为主、风险投资为辅的科技金融体系开始逐步完善，政策层面也开始以财政贴息、担保等方式支持科技金融发展。2005年，国务院印发《国家中长期科学和技术发展规划纲要（2006—2020年）》。2006年1月，全国科学技术大会召开，动员全党全社会"坚持走中国特色自主创新道路"，确定了到2020年我国"进入创新型国家行列"的总体目标。在此之后，国务院发布了《关于印发实施〈国家中长期科学和技术发展规划纲要（2006—2020年）〉若干配套政策的通知》（以下简称《通知》），明确了体系化推进科技金融的各项政策和要求。

在政策性贷款层面，《通知》要求："国家开发银行在国务院批准的软贷款规模内，向高新技术企业发放软贷款，用于项目的参股投资。中国进出口银行设立特别融资账户，在政策允许范围内，对高新技术企业发展所需的核心技术和关键设备的进出口，提供融资支持。中国农业发展银行对农业科技成果转化和产业化实施倾斜支持政策。"在该阶段，各家政策性银行根据自身的职责定位和资源禀赋，面向科技企业提供了一系列支持。不过值得注意的是，在这一阶段，部分政策性银行尝试向商业性银行转型，因此其面向科技金融的政策性业务的推进也曾面临着一定的踌躇。

在商业性贷款层面，《通知》要求："政府利用基金、贴息、担保等方式，引导各类商业金融机构支持自主创新与产业化。商业银行对国家和省级立项的高新技术项目，应根据国家投资政策及信贷政策规定，积极给予信贷支持。商业银行对有效益、有还贷能力的自主创新产品出口所需的流动资金贷款要根据信贷原则优先安排、重点支持，对资信好的自主创新产品出口企业可核定一定的授信额度，在授信额度内，根据信贷、结算管理要求，及时提供多种金融服务。"在这一阶段，相较于此前开展科技金融业务规模较小的情况，商业银行开展科技金融业务的规模和专业性都有了显著的提升。

在风险投资层面，《通知》从制度方面着手，探索"制定《创业投资企业管理暂行办法》配套规章，完善创业风险投资法律保障体系"。与此同时，《通知》还进一步丰富了风险投资、创业投资的资金来源，不仅"鼓励有关部门和地方政府设立创业风险投资引导基金，引导社会资金流向创业风险投资企业"，而且"支持保险公司投资创业风险投资企业"，"允许证券公司在符合法律法规和有关监管规定的前提下开展创业风险投资业务"，并在此基础上"允许创业风险投资企业在法律法规规定的范围内通过债权融资方式增强投资能力"。在相关政策的支持之下，各地出台了给予创业投资基金、风险投资基金财税优惠等政策。在2008年国际金融危机之后，境外风险投资基金、创业投资基金开始更多地寻找新兴经济体的投资机会，境内的创业投资、风险投资在这一阶段规模快速增长，相关行业快速发展，逐步形成了相对完善的风险投资、创业投资金融生态。

除此之外，政策还对科技保险、多层次资本市场支持科技创新、完善高新技术企业的外汇管理等方面作出规定。

在这一阶段，2011年发布的《国家"十二五"科学和技术发展规划》在重要指标和名词解释中，首次对科技金融的概念进行了明确的界定："科技金融是指通过创新财政科技投入方式，引导和促进银行业、证券业、保险业金融机构及创业投资等各类资本，创新金融产品，改进服务模式，搭建服务平台，实现科技创新链条与金融资本链条的有机结合，为初创期到成熟期各发展阶段的科技企业提供融资支持和金融服务的一系列政策和制度的系统安排。"在正文中，科技金融这一概念出现在"重点发展研发设计、技术转移转化、创新创业、科技咨询和科技金融等服务，推进科技服务业创新发展"这一描述中，与科技服务业并列。

第三阶段是2015年至2023年，这一阶段"科技金融"的称谓逐步转化为了"科创金融"，创业投资、风险投资等面向科技企业的未上市股权投资规模快速增加，银行等金融机构面向科技企业所开展的贷款业务逐步专业化。在这一阶段，面向科技企业的债权融资和股权融资都逐步成熟。2016年，为了促进银行更专业化地开展科技金融业务，银监会批准了一家城市商业银行成立科技金融服务中心专营机构。

在贷款融资方面，2015年，银监会出台《商业银行并购贷款风险管理指引》，明确了商业银行开展并购贷款业务的具体要求，从而为商业银行向科技企业投放并购贷款，进而将债权性质的资金转化为股权性质的投资奠定了基础。2016年，银监会、科技部、人民银行联合发布《关于支持银行业金融机构加大创新力度 开展科创企业投贷联动试点的指导意见》，为完善科技金融服务模式，支持科技创新创业企业发展，就银行业金融机构加大创新力度，开展科创企业投贷联动试点提出了指导意见。

在股权融资方面，从2015年开始，政府投资基金规模快速增长。虽然在

2018年《资管新规》出台之后，境内的政府投资基金新增规模出现了一定程度的下降，但是相关政府投资基金的质量逐步提升。甚至在2018年中美出现贸易摩擦，导致此后由于地缘政治等多方面原因美元基金减少在我国境内投资规模的过程中，各地的政府投资基金逐步成为我国境内不容忽视的面向科技企业提供未上市股权融资的力量。

值得注意的是，在这一阶段，由于我国经济由高速增长换挡为高质量增长，银行业逐步进入低利率、低息差的经营环境。各家商业银行的营业收入和净利润增速开始下行，传统的依赖城投、房地产实现快速规模扩张和利润增长的银行经营模式受到了调整，银行对于科技金融业务的关注从跟随政策指引逐步转向了主动拥抱，这也使得银行等金融机构开始更多地自主创造多样化科技金融业务模式。

第四阶段是2023年之后，这一阶段"科创金融"的称谓再次回归"科技金融"，"科技金融"成为中央金融工作会议提出的"五篇大文章"之首，各方政策将科技金融作为金融业支持经济高质量发展的最重要着力点。

2023年10月，中央金融工作会议提出了以"科技金融"为首的"五篇大文章"，彰显了金融支持实体经济尤其是科技创新的根本宗旨，体现了科技创新在我国现代化建设全局中的核心地位。在这一政策要求下，各部委以及各地监管部门密集出台相关政策：2024年1月，金融监管总局发布《关于加强科技型企业全生命周期金融服务的通知》《科技保险业务统计制度》。2024年2月，国家知识产权局等五部门联合发布《专利产业化促进中小企业成长计划实施方案》。2024年3月，科技部、财政部发布《国家重点研发计划管理暂行办法》。2024年4月，证监会发布《关于资本市场服务科技企业高水平发展的十六项措施》，财政部发布《政府采购合作创新采购方式管理暂行办法》。2024年5月，金融监管总局发布《关于银行业保险业做好金融"五篇大文章"的指导意见》。2024年6月，国务院发布《促进创业投资高质量发展的若干政策措施》，证监会发布《关于深化科创板改革　服务科技创新和新质生产力发展的八条措施》。2024年7月，工信部发布《工业和信息化部主责国家重点研发计划重点专项管理实施细则》，财政部发布《关于实施支持科技创新专项担保计划的通知》。2024年8月，科技部发布《"创新积分制"工作指引（全国试行版）》。这些政策不仅仅限于金融领域，还涵盖了科研、产业和财税等多个领域，不仅涉及直接的金融供给，还涉及间接的金融制度。

二、2023年以来的科技金融政策

在中央金融工作会议之前，监管部门已经出台了多项政策，引导银行等金融机构构建科技金融模式。具体来看，监管部门所出台的科技金融相关监管政策主要有以下几个着力点。

第一，指导不同地区因地制宜设立科创金改试验区，根据自身的资源禀赋和特性，引导当地金融机构先行先试开展科技金融实践。早在2021年至2022年，金融监管部门就开始着手推动各地科创金改试验区的建设。从2021年开始，人民银行陆续发布了《山东省济南市建设科创金融改革试验区总体方案》《上海市、南京市、杭州市、合肥市、嘉兴市建设科创金融改革试验区总体方案》《北京市中关村国家自主创新示范区建设科创金融改革试验区总体方案》，先后在济南市、上海市、南京市、杭州市、合肥市、嘉兴市和北京市中关村国家自主创新示范区建立了科创金改试验区。2023年开始，主要科创金改试验区的试点大面积推开。不过值得注意的是，不同科创金改试验区的发展目标并不相同，从银行业务的角度来看，不同地区分行可以结合其科创金融的发展目标因地制宜发展科技金融业务。

第二，为了促进各类金融机构在推进科技金融业务的过程中各司其职，监管部门为不同类型金融机构划定了分工协作、支持科技金融的路线图。2024年5月9日，金融监管总局发布《关于银行业保险业做好金融"五篇大文章"的指导意见》（以下简称《指导意见》）。**对于开发性、政策性金融机构，《指导意见》**

要求其围绕"五篇大文章"主要做"商业性金融干不了、干不好的业务",从而"为科技、绿色、农业、养老等领域基础设施建设提供资金支持"。**对于全国性商业银行,**《指导意见》要求其科技金融服务能"有力落实国家战略,助力高水平科技自立自强和科技强国建设"。与此同时,大型商业银行做好"五篇大文章"的着力点还在于"增强金融科技核心竞争力,发挥网络渠道、业务功能协同等优势";全国性股份制银行则应当"坚守差异化市场定位",通过创新等方式"努力形成具有比较优势的业务模式"。**对于城商行和民营银行,**《指导意见》指出,其做好"五篇大文章"的工作重点在于"发挥服务城乡居民、服务中小企业、服务地方经济的生力军作用"。**对于非银金融机构,**《指导意见》对部分不同类型机构需要围绕科技金融着重推进的产品提出了不同的侧重点。**信托公司**将有机会加快发展知识产权信托等相关业务;**资管机构**则需要在投资端加大对科技创新等领域的投资。

表1-1 不同类型机构做好金融"五篇大文章"相关要求

金融机构	总体要求	科技金融专项要求
开发性、政策性金融机构	重点做商业性金融干不了、干不好的业务。发挥中长期投融资优势,探索政策性金融工具服务模式,立足自身定位为科技、绿色、农业、养老等领域基础设施建设提供资金支持。	
全国性商业银行	大型商业银行要做优做强,走内涵式发展道路,增强金融科技核心竞争力,发挥网络渠道、业务功能协同等优势,提升"五篇大文章"综合金融服务能力。 全国性股份制商业银行要坚持差异化市场定位,围绕"五篇大文章"探索创新,努力形成具有比较优势的业务模式。	有力落实国家战略,助力高水平科技自立自强和科技强国建设。
中小银行	城商行和民营银行要发挥服务城乡居民、服务中小企业、服务地方经济的生力军作用,注重利用管理半径短、经营机制灵活等优势,结合自身资源禀赋,针对性优化"五篇大文章"金融产品和服务。	

续表

金融机构	总体要求	科技金融专项要求
保险机构	保险机构要坚持保障本源，持续优化保险产品和业务结构，为经济社会发展保驾护航。 推动巨灾保险发展，发挥好保险在防灾减灾救灾中的作用。发挥保险资金长期稳定的优势，持续加大对"五篇大文章"重点领域的融资支持。	因地制宜发展科技保险，实现科技研发、成果转化和应用推广保险保障覆盖。
非银金融机构	引导各类非银行金融机构聚焦主业、规范发展。支持符合条件的非银行金融机构发行绿色信贷资产支持证券、绿色金融专项债。	信托公司：鼓励信托公司培育发展知识产权信托等业务。 资管机构：鼓励资管机构加大对科技创新、绿色低碳、乡村振兴、养老产业、数字化转型等领域的投资。

资料来源：金融监管总局，兴业研究。

第三，考虑到股权融资和创业投资是科技企业更为偏好的融资方式，2024年监管部门出台了多项文件，从"募投管退"等多个角度疏通创业投资的潜在堵点，从而促进创业投资高质量发展。在面向创业投资基金支持科技金融的各项政策中，最为典型的政策为2024年6月19日国务院办公厅印发的《促进创业投资高质量发展的若干政策措施》（以下简称《措施》）。《措施》共六项十七条细则，围绕创业投资"募投管退"，进一步优化了政策环境和管理制度。

在拓展创业投资基金募资渠道方面，在进一步强化政府资金、保险资金、资管机构资金等传统融资渠道的基础上，《措施》指出要扩大金融资产投资公司直接股权投资试点范围，并鼓励创业投资基金发行债务融资工具来增强资金筹措能力。上述举措不仅丰富了创业投资的资金来源，而且为银行表内资金开展股权投资和基金债发行规模的扩大奠定了基础。《措施》指出："扩大金融资产投资公司直接股权投资试点范围。支持金融资产投资公司在总结上海试点开展直接股权投资经验的基础上，稳步扩大试点地区范围，充分发挥金融资产投资公司在创业投资、股权投资、企业重组等方面的专业优势，加大对科技创新的支持力度。"2024年9月24日，金融监管总局发布《关于扩大金融资产投资公司股权投资试点范围的通知》，将金融资产投资公司（AIC）股权投资试点范围由上海扩大至北京、天津、上海、重庆、南京、杭州、合肥、济南、武汉、长沙、广州、成都、西安、宁波、厦门、青岛、深圳、苏州18个城市。与此同时，金融监管局将AIC可用于不以债转股为目的股权投资的资金限额由不超过AIC总资产4%提升至不超过10%。此外，《措施》还指出："鼓励符合条件的创业投资机构发行公司债券和债务融资工具，增强创业投资机构筹集长期稳定资金的能力。"这使得各类基金债的规模亦有较大的扩容。

在拓展创业投资退出机制方面，《措施》要求健全创业投资退出机制，包括优化私募基金份额转让业务流程等，有望在一定程度上缓解我国创业投资基金集中退出的压力。近年来，由于多方面原因，资本市场IPO数量和规模出现下滑，而企业并购数量则自2017年以来就一直处于收缩的态势。退出渠道不畅使得相当数量的政府引导基金面临较为严峻的退出难问题。而《措施》中也明确指出要"系统研究解决政府出资的创业投资基金集中到期退出问题"。

图1-1 2011—2023年IPO、并购事件发生数量

资料来源：Wind，兴业研究。

在硬科技企业上市渠道的畅通方面， 2024年4月30日，证监会修订《科创属性评价指引（试行）》（以下简称《2024版指引》）。《科创属性评价指引（试行）》自2020年出台以来，经历了4次修订。根据科创板相关规定及实践，若企业不能满足科创属性评价的相关标准，其将无法在科创板进行IPO。而随着多年的实践和修订，当前科创属性评价指标已经形成了"4+5"的指标体系。在满足市值、财务指标等相关上市标准后，企业只有进一步同时满足4项常规指标，或满足任意1项"例外指标"，才能在科创板进行IPO。相较于此前版本，《2024版指引》主要对4项常规指标进行了2处修订，小幅提升了科创属性的认定门槛。第一，提升了研发投入标准的绝对值数额；第二，提升了营业收入复合增速标准。《2024版指引》将更有利于筛选出"硬科技"企业，促使这些科技企业能够更便利地上市，使得更多的创投等私募投资基金退出，转而去支持其他科技企业的融资需求。

在通过私募基金份额转让支持创业投资退出方面， 我国于2020年12月10日在北京首次开展股权投资和创业投资份额转让试点，2020年至2022年，仅有北京、上海两地开展此类业务试点。而2023年6月至2024年1月，7个月内证监会陆续批复同意浙江、广东、江苏和安徽四地开展股权投资和创业投资基金份额转让试点，试点速度明显加快。不过从交易规模来看，以上海市为例，截至2023年末，上海私募股权和创业投资份额转让平台成交68笔，成交总金额约200.58亿元，仍有较大的发展潜力。

表1-2　私募投资基金份额转让试点进展情况

日期	总体要求
2020年12月10日	证监会正式批复同意北京开展股权投资和创业投资份额转让试点。
2021年11月29日	证监会批复同意在上海区域性股权市场开展私募股权和创业投资份额转让试点。
2023年6月1日	证监会正式批复同意在浙江区域性股权市场开展股权投资和创业投资份额转让试点。
2023年8月10日	证监会正式批复在广东股权交易中心开展股权投资和创业投资基金份额转让试点。

续表

日期	总体要求
2023年8月22日	证监会正式批复同意在江苏区域性股权市场开展股权投资和创业投资份额转让试点。
2024年1月24日	证监会批复同意在安徽区域性股权市场开展股权投资和创业投资基金份额转让试点。

资料来源：证监会，兴业研究。

第二节　科技产业的演化趋势

科技金融需要契合产业发展趋势，满足转型升级需求。进入高质量发展阶段，我国产业发展呈现三个趋势。一是从"引进成熟产业"到"培育新兴产业"，从作为后发国家引进成熟产业转变为作为先发国家培育新兴产业。二是从"雁阵被动迁移"到"头雁主动出海"，从产业迁入迁出受制于外资企业，转变为中资企业掌握产业链的主动权和价值链的分配权。三是从"低端环节转出"到"高端环节发展"，在产能出海、品牌出海的同时，核心环节将继续留在国内升级发展，保持技术代差，"卡脖子"环节也会在制度优势、规模优势等诸多优势的牵引下，最终实现突破。

一、产业演化历史规律

从总体上看，不同国家的经济增长往往会经历相似的阶段。迈克尔·波特提出，一个国家的经济增长通常会经历四个阶段：首先是生产要素驱动阶段，经济增长依赖资源密集型和劳动密集型产业（农业和轻工业）；其次是投资驱动阶段，经济增长依靠资本密集型产业（重化工业）；然后是创新导向阶段，经济增长依靠技术密集型产业（高技术制造业）的发展；最终进入到富裕阶段，经济增长依靠价值链的高附加值环节（研发与营销）和服务业的发展。

从结构上看，经济增长体现为行业的增长，也称之为产业结构升级。对于先发国家来说，增长的行业是代表新技术的新兴工业部门以及受益于新技术扩散的其他工业部门。技术革命催生了新技术和新兴工业部门，经济学家卡萝塔·佩蕾丝将工业革命以来的技术革命分为五次，前两次技术革命由英国引领，分别催生了机械化的纺织产业、火车和铁路运输产业，中间的第三次是美国和德国与英国的竞争，催生了现代化的钢铁产业，后两次技术革命由美国引领，分别催生了汽车产业和信息技术产业。[1]新技术也能够在传统工业部门之间进行扩散，使得传统产业实现增长。罗斯托在《经济增长的阶段》中写道，起飞后的经济增长由主要增长部门牵引，带动次级部门（补充性增长部门、派生性主导部门）增长，不同工业部门相继引领经济发展，例如纺织业的发展带动了机器、煤和铁路运输的发展，铁路的发展带动了钢铁工业和现代采煤业的发展，钢铁工业的发展又带动了锅炉、机床、汽车、船舶的发展。[2]之后的故事是无线电技术催生了半导体产业，半导体产业催生了消费电子、软件和互联网产业。

表1-3　18世纪70年代到20世纪10年代的五次技术革命

技术革命	第一次	第二次	第三次	第四次	第五次
通俗名称	工业革命	蒸汽和铁路时代	钢铁、电力和重工业时代	石油、汽车和大规模生产时代	信息和远程通信时代
先发国家	英国	英国	英国、美国、德国	美国	美国
开始时间	1771年	1829年	1875年	1908年	1971年
技术标志	首个机械化棉纺织厂开设	蒸汽动力火车试验成功	卡内基酸性转炉钢厂开工	第一辆T型汽车生产	英特尔微处理器问世
新产业	机械化棉纺织业、熟铁、机器	铁矿业、煤炭业、蒸汽机、铁路、火车	廉价钢铁、电力设备、钢制轮船、钢制铁路	汽车、内燃机、廉价石油产品、家用电器	微电子产品、计算机、软件、互联网

资料来源：《技术革命与金融资本：泡沫与黄金时代的动力学》[3]，兴业研究。

---

[1]　卡萝塔·佩蕾丝.技术革命与金融资本:泡沫与黄金时代的动力学[M].北京:中国人民大学出版社,2007:16-23.

[2]　罗斯托.经济增长的阶段[M].北京:中国社会科学出版社,2001:53-59.

[3]　卡萝塔·佩蕾丝.技术革命与金融资本:泡沫与黄金时代的动力学[M].北京:中国人民大学出版社,2007:16-23.

对于后发国家来说，行业发展的重要驱动力是承接先发国家的产业转移。由于国家间比较优势的变化，先发国家会进行产业结构的调整，并将失去比较优势的行业转移到后发国家，导致后发国家"梯队式"的产业结构升级。赤松要和小岛清通过雁阵理论将后发国家产业结构升级与国际产业布局进行了统一分析。在这个过程中，先发国家会经历净出口到净进口的转变，后发国家则会经历进口替代到出口替代的转变。后发国家如果承接先发国家的产业并能维持较长时间（长期保持比较优势），有可能带来制造中心的转移，而制造地位的变化可能进一步导致科技地位的变化，使得先发国家难以维持其"技术代差"，被后发国家赶超。19世纪末美国在经济体量上超过英国以后，到第二次世界大战期间在科技领域也超过了英国。

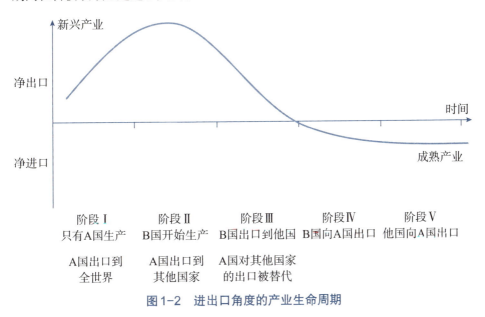

图1-2 进出口角度的产业生命周期

资料来源：兴业研究。

后发国家追赶先发国家，需要选择产业结构的升级路径，即产业发展的具体次序。产业升级理论包括大卫·李嘉图的静态比较成本论、筱原三代平的动态比较费用论等理论。通常情况下，后发国家按照资源密集型和劳动密集型、资本密集型、技术密集型产业的顺序进行发展。新结构经济学基于"结构变迁"，进行了更深入的分析：禀赋结构与产业结构互为循环积累，初始的禀赋结构决定了初始的产业结构，产业发展的同时会改善要素禀赋，而改善后的要素禀赋可以支撑产业结构的升级。[①]"循环积累"也可以在微观上进行体现，例如整机（手机、汽车）的销售驱动供应链（零部件）升级，升级的供应链又为整机行业带来新的可能。当然，少数具有独特禀赋的国家，其发展轨迹存在不连续性。例如澳大利亚、沙特等资源大国可以"驻足"在资源密集型产业，爱尔兰等小国也可以"跳过"资本密集型产业，直接发展计算机、软件、生物制药等技术密集型产业。但是，这些特例也仅仅代表这些国家没有遍历升级路径上所有的途经点，并没有违背产业结构高度化的升级方向。

我国的产业结构转型升级取得了显著成就，从一个以农业为核心的经济体成功转型为工业化国家，并成为了全球制造中心。 王丽莉和文一认为，我国工业化的成功是因为选择了原始工业化（乡镇企业）、规模化轻工业（劳动密集型产业）、规模化重化工业（资本密集型产业）这一正确顺序。[②]发育成熟的上一阶段产业既可以为下一阶段的产业发展积累资本和技术基础，也可以提供市场需求。

表1-4　我国工业化的三个阶段

	原始工业化 （1978—1988年）	规模化轻工业 （1988—1998年）	规模化重工业 （1998—　　）
初始禀赋	市场有限、缺少规模 缺少启动资金 农村剩余劳动力充足	国内外市场扩大 积累初始资本 存在可流动人口	交运、能源需求增加 积累充足的资本 进入WTO

---

① 林毅夫,付才辉,陈曦.中国经济的转型升级:新结构经济学方法与应用[M].北京:北京大学出版社,2018:20-21.

② 王丽莉,文一.中国能跨越中等收入陷阱吗?——基于工业化路径的跨国比较[J].经济评论,2017(03):31-69.

	原始工业化 （1978—1988年）	规模化轻工业 （1988—1998年）	规模化重工业 （1998—　）
产业类型	劳动密集型产业 食品、纺织	劳动密集型产业 纱线、纺织、服装	资本密集型产业 电力、冶金、化工、汽车
组织形式	乡镇企业 小规模生产 本地生产	轻工业企业 大规模生产 异地集中	重工业企业 大规模生产 异地集中
改善禀赋	改善购买力 建立商业网	积累储蓄 提供重工业市场需求	

资料来源：《中国能跨越中等收入陷阱吗？——基于工业化路径的跨国比较》[①]，兴业研究。

二、我国当前产业结构

判断工业化进展当前所处何处，才能知晓未来何往。评估工业化进程有两类关键指标。第一类是人均指标，包括人均GDP（最常用）、人均粗钢产量、人均发电量、人均汽车产量等。第二类是结构指标，包括三次产业结构（费歇尔）、劳动力的产业分布（克拉克）、国民收入的产业分布（库兹涅茨）、霍夫曼比例（霍夫曼、盐野谷祐一）等。这里列出几个主要指标，并且通过对标美国和日本，定位中国当前的发展阶段。

（一）人均GDP

从国际元计价的人均GDP来看，我国相当于1991年的美国和1996年的日本。国际元又称购买力平价美元（PPP美元），是将各国货币按照购买力平价转换的一种虚拟货币单位，用来消除不同国家之间的汇率波动影响，反映不

---

① 王丽莉,文一.中国能跨越中等收入陷阱吗？——基于工业化路径的跨国比较[J].经济评论,2017(03):31-69.

同货币在各自经济体内的购买力。国际元相比直接汇率换算，可以更准确地反映一个国家的经济实力和产业结构发展进程。2023年中国人均GDP是24558国际元，与1991年的美国（24342国际元）和1996年的日本（25001国际元）接近。

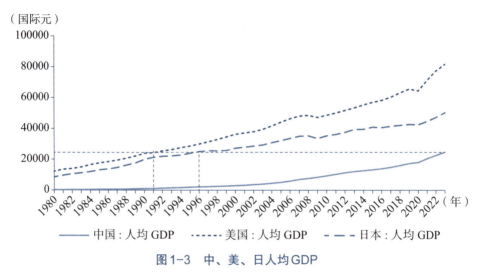

图1-3　中、美、日人均GDP

资料来源：世界银行，Wind，兴业研究。

（二）三次产业结构

从三次产业结构来看，我国与20世纪50年代的美国和20世纪80年代的日本的数据接近。 中国2023年的三次产业占比分别为6.9%、36.8%和56.3%，美国1950年的三次产业占比分别为7%、36%和57%，日本1980年三次产业占比分别是3.8%、40.1%和56.1%。在20世纪50年代和80年代，美国、日本分别是全球的制造中心。50年代的美国平民劳动力大幅增加，大量军用技术转化为民用产品，依靠建立的战后全球贸易体系，美国产品可以大量出口到欧洲和日本。80年代的日本汽车产量和DRAM内存产量成为世界第一，汽车、彩电、录像机等机电和半导体产品也有很强的竞争力，一度引发了美日之间的剧烈贸易摩擦。

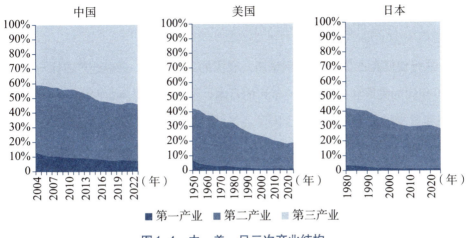

图1-4　中、美、日三次产业结构

资料来源：世界银行，Wind，兴业研究。

仅仅通过三次产业结构难以准确判断中国对标美、日的年份水平，原因是全球化程度不同。全球化程度不同，使得全球制造端的集中度不同，反映到三次产业中就是第二产业的占比不同。我们从三次产业结构的变化看到产业结构升级的趋势，但是较难判断中国的工业化水平就处在第二产业占比与美日相同的年份。

图1-5　基于贸易的全球价值链参与率

资料来源：亚洲开发银行，兴业研究。

（三）行业门类结构

从行业门类占GDP的比例来看，我国的工业占比、金融地产占比与20世纪50年代的美国和20世纪80年代的日本，信息通信服务业占比与21世纪初美国和日本的数据相当。出于国民经济统计和管理的目的，各国均有各自的行业分类，行业分类标准包括联合国国际标准行业分类（ISIC）、北美行业分类系统（NAICS）、欧盟产业分类体系（NACE）、国民经济行业分类（GB/T 4754—2017，以下简称国标分类）。ISIC、NACE、国标分类将行业分为四级（门类、大类、中类、小类），NAICS在此基础上又加了细类，但是所有分类的一级行业均是门类，因此可以在三次产业结构的基础上，进一步分析行业门类结构。为了使不同国家的行业门类横向可比，我们进行了一些调整：将采矿业、制造业和公用事业合并为工业（中国披露口径是工业）；将批发业、零售业合并为批发零售（中国、美国披露口径是批发零售）；将金融业、地产业合并为金融地产（美国披露口径是金融地产）；商业技术服务中，使用美国的商业服务门类、日本的科技活动门类、中国的租赁和商业服务门类。从工业占比和金融地产占比来看，中国相当于美国的20世纪50年代和日本的20世纪80年代，这和三次产业结构的相近年份一致。从批发零售业占比和建筑业占比来看，中美日尚不具备可比性。从交运仓储行业占比来看，中国相当于美国的20世纪60年代，与日本现在相当。从信息通信服务行业占比来看，中国相当于美国和日本的21世纪初。

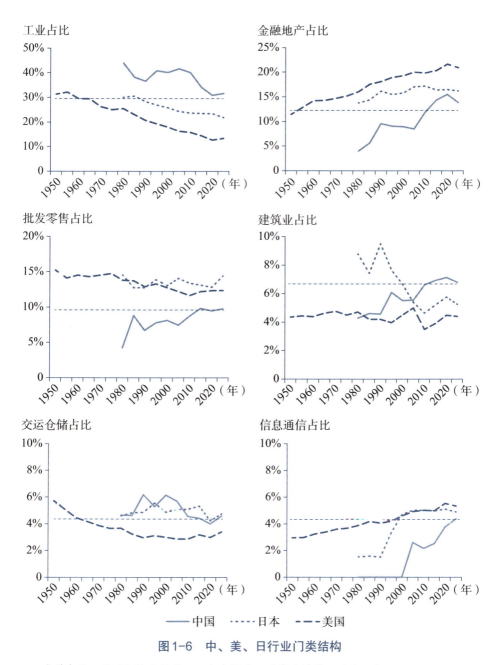

图1-6　中、美、日行业门类结构

资料来源：美国经济分析局，日本内阁府，国家统计局，兴业研究。

（四）行业大类结构

从行业大类占制造业比例来看，中、美、日排名前三的行业大类合计占比均在50%~55%，已经处于同一水平。 行业大类是行业门类的下一级行业，能够进一步揭示制造业向下的产业结构。中国、美国、日本的制造业分别包括35个、19个、15个行业大类。为了能进行横向比较，我们对这些行业大类进行了归并。

表1-5　制造业行业大类的归并规则

归并后的行业大类	归并前的行业大类		
	中国	美国	日本
运输机械设备	机械设备、汽车制造、其他运输设备	机械设备、汽车和零部件、其他运输设备	机械设备、交通运输设备
电子电气设备	电气设备、通信和计算机等电子设备、仪器仪表	计算机和电子产品、电气设备	电气设备、精密仪器
化学医药制品	化学制品和化纤、医药制造	化学品	化学制品

资料来源：兴业研究。

中、美、日制造业中占比最高的三类行业均是运输机械设备行业、电子电气设备行业和化学医药制品行业，三类行业合计占比50%~55%。 美国的运输机械设备行业和化学制品行业分别占比20%和19%，其背后是美国的汽车、飞机和先进材料、医药制造的比较优势。日本的运输机械设备行业占比为29%，其背后是日本的汽车、工程机械的比较优势；中国的电子电气设备行业、运输机械设备行业占比为23%，其背后是消费电子、光伏、锂电池和新能源汽车的比较优势。

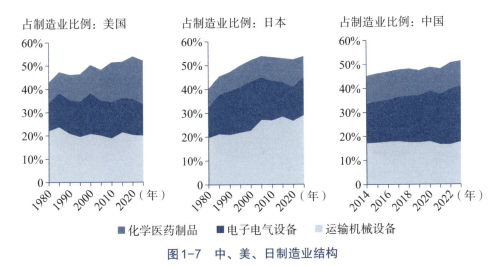

图1-7　中、美、日制造业结构

资料来源：亚洲开发银行，兴业研究。

（五）出口结构

从产品出口结构来看，我国在国际上具有比较优势的行业大类数量已经超过美、日。出口结构的比较优势可以采用RCA指数（显示性比较优势指数）来反映。RCA大于1，说明该产品上的出口份额超过了世界平均水平，该值越大，比较优势越明显。图1-8展示了中、美、日三国RCA值大于1的所有出口产品品类，采用SITC（国际贸易标准分类），细化到第三位数字，对应国际贸易商品统计口径中的"行业大类"。从图中可以看出，中、美、日RCA指数大于1的行业基本分布在杂项、机械和运输设备、制成品、化学品这四个类别，中国无论是从行业大类数量还是比较优势的程度，都已经超过美、日。

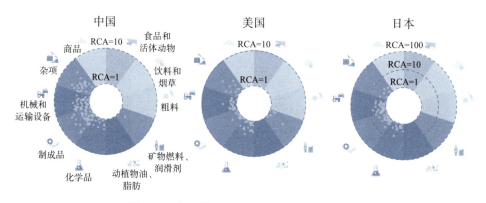

图1-8　中、美、日RCA指数大于1的行业

资料来源：联合国贸易和发展署，兴业研究。

需注意的是，当前国际分工已从产业间分工演变为产业内分工，使得从出口结构推断产业化进程的精确度受到扰动。产业内分工包括高低端产品的分工、零部件的分工、工序间的分工。同一个产品目录下，即使两个国家有相近的出口金额，但是其工业化进展可能也并不相同。例如中国出口中低端工程机械、美国出口高端工程机械；中国出口汽车零部件中的机械、电气类零部件（包括车架、制动系统、悬架系统、转向系统、玻璃轮胎），德国出口汽车零部件中电子类零部件和精密零部件；中国进行后道封测、出口芯片产成品，韩国进行前道制造，出口晶圆中间品。

（六）指标汇总

我国的工业化进程依据各项指标展现出不同的进展情况。若以人均GDP指标为参照，中国相当于美国1991年和日本1996年的水平；然而，从结构指标来看，得到的结果会有明显多样性：按照三次产业结构，中国相当于美国的20世纪50年代和日本的20世纪80年代；按照行业门类结构，不同行业中、美、日的发展水平不同；按照行业大类结构；制造业前三大产业的比例，中国已经与美、日相当；而按照出口结构，通过行业的RCA指标来看，中国在具有比较优势的行业大类数量已经超过美、日。总的来看，中国已经培养出了在国际上具有比较优势的行业，也存在产业结构升级的空间。

表1-6　我国产业结构指标汇总

产业结构指标	2023年的中国	近似美国的年份	近似日本的年份
人均GDP	24558国际元	1991年（24342国际元）	1996年（25001国际元）
三次产业结构	第二产业占比为36.8%	20世纪50年代（1955年第二产业占比为36.6%）	20世纪80年代（1985年第二产业占比为38.0%）
行业门类结构	工业占比为31.7%	20世纪50年代	20世纪80年代
	金融地产业占比为13.8%	20世纪50年代	20世纪80年代
	批发零售业占比为9.8%	—	—
	建筑业占比为6.8%	—	—
	交运仓储业占比为4.6%	20世纪60年代	2023年
	信息通信服务业占比为4.4%	21世纪初	21世纪初
	建筑业占比为6.8%	—	—
制造业结构	前三大行业大类占制造业比例为51.5%	2023年（前三大行业大类占比为52.2%）	2023年（前三大行业占比为53.8%）
	电子电气：23.3%	运输机械：20.0%	运输机械：29.1%
	运输机械：17.8%	化学医药：18.7%	电子电气：15.7%
	化学医药：10.5%	电子电气：13.5%	化学医药：9.0%
出口结构	RCA>1的行业数量	超过美国	超过日本

资料来源：兴业研究。

三、我国产业结构发展趋势

当前，我国的产业结构正面临从"引进成熟产业"到"培育新兴产业"、从"雁阵被动迁移"到"头雁主动出海"、从"低端环节转出"到"高端环节发展"这三大发展趋势。

（一）从引进成熟产业到培育新兴产业

从产业结构来看，我国经济增长的驱动力逐渐从引进和模仿成熟产业，转变为培育和创造新兴产业。改革开放以来，我国从一个以农业为主的经济体成功转型为工业化国家，并逐步确立了作为全球制造业中心的地位。然而，无论是原始工业化时期、轻工业规模化阶段还是重工业规模化阶段，发展动力主要来源于对成熟产业的引进、消化和吸收。换言之，国内实现发展的纺织、服装、电力、冶金、化工等产业，最初都在英、美等国出现并发展成熟，国内的工业化过程是对这些成熟产业的学习和复制。从国际产业分工的角度看，这些产业的发展，客观上是承接发达经济体的产业转移。

如今，我国形成了规模庞大、种类齐全的制造体系，推动了产业升级的动力从"引进成熟行业"转变为"培育新兴产业"。例如在国际上占据了比较优势的光伏、锂电、新能源汽车等出口"新三样"，这些产业并非进入到成熟期以后才引进，而是在引入期、成长期就在国内扎根发展。2023年，我国光伏和电池的出口分别占到全球的67%和45%，已经占据了全球主导地位。2021年开始，我国汽车的出口大幅提升，到2022年全球占比为9.4%，首次超过美国和日本，到2023年全球占比继续提升至10.3%。2023年，我国光伏、电池、汽车的出口规模分别是437亿美元、699亿美元和1925亿美元，为我国赚取超过3000亿美元的外汇。尽管光伏、锂电、新能源汽车的0到1并非发生在我国，但是由于我国强大的制造能力，任何零部件和材料都能快速建立成熟的配套，使得这些产业的1到100发生在我国。

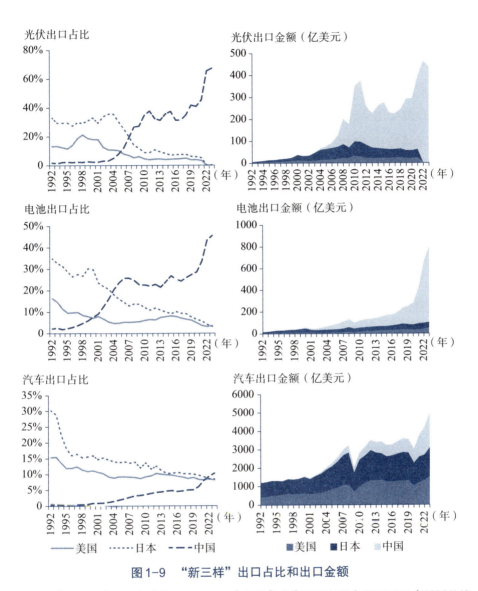

图1-9　"新三样"出口占比和出口金额

注：光伏口径在2021年前是HS854140，在2022年后是HS854142和HS854143（HS854140除了光伏产品还包括发光二极管产品，因此在2022年口径变更后，数据会出现突变），电池口径采用HS850，汽车口径采用HS87。

资料来源：UN Comtrade，兴业研究。

"从引进成熟产业到培育新兴产业"意味着我国在部分产业中已经成为先发国家，这也在客观上导致国际竞争的加剧。后发国家如果承接先发国家的产业并能维持较长时间（长期保持比较优势），将带来全球制造中心的转移，而全球制造地位的变化会进一步导致科技地位的变化，使得先发国家丧失优势。先发国家为了维持其"技术代差"，往往采取"抽梯子"的措施。美国于19世纪末在经济体量上超过了英国后，一直与英国存在科技领域的激烈竞争，但是第二次世界大战的爆发使得双方科技地位的竞争暂时退居次要矛盾，科技竞争转为科技合作。我国在贸易领域所面临的竞争，与其说是制造规模和产业结构之争，不如说是创新分工之争。

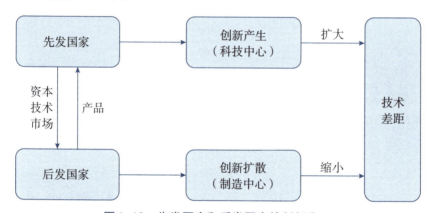

图1-10 先发国家和后发国家的创新分工

资料来源：《大国产业链》①，兴业研究。

（二）从雁阵被动迁移到头雁主动出海

从全球产业布局来看，我国的产业转移已从被动迁移发展到主动出海。由于国家间比较优势的变化，先发国家会进行产业结构的调整，并将失去比较优势的行业转移到后发国家，导致后发国家"梯队式"的产业结构升级，这一模式被称为雁阵模式。雁阵模式下产业的迁入和迁出由"头雁"国家主导，主动

---

① 中金公司研究部,中金研究院.大国产业链[M].北京:中信出版社,2023:196-197.

权取决于这些国家的跨国企业；作为"雁阵"一员的产业承接国，并没有布局主导权和价值链分配权。

50 年代	• 美国→日本（资本密集型产业）
60 年代	• 美国→日本（技术密集型产业） • 美国、日本→韩国、新加坡、中国香港、中国台湾（劳动密集型、部分资本密集型产业）
70 年代	• 美国⇆日本（技术密集型产业） • 美国、日本→韩国、新加坡、中国香港、中国台湾（资本密集型产业） • 美国、日本、韩国、新加坡、中国香港、中国台湾→东盟四国（劳动密集型产业）
80 年代	• 美国⇆日本（知识技术密集型产业的高附加值环节） • 美国、日本→韩国、新加坡、中国香港、中国台湾（技术密集型产业的低附加值环节） • 日本、美国、韩国、新加坡、中国香港、中国台湾→东盟四国（部分资本密集型、技术密集型产业）

图1-11　东亚的产业转移路径

资料来源：《东亚工业化浪潮中的产业结构研究》[1]，兴业研究。

早在2008年金融危机后，国内的劳动密集型产业就出现了被动迁移。在美、日等品牌方的主导下，我国的劳动密集型产业迁移到成本更低的东南亚。我国作为雁阵的一员，不具备产业布局的主动权。要么中资企业作为价值链的非主导企业，跟随品牌方到东南亚开设工厂，要么品牌方直接扶持东南亚的本土供应商。

---

[1]　汪斌.东亚工业化浪潮中的产业结构研究[M].杭州:杭州大学出版社,1997:312-322.

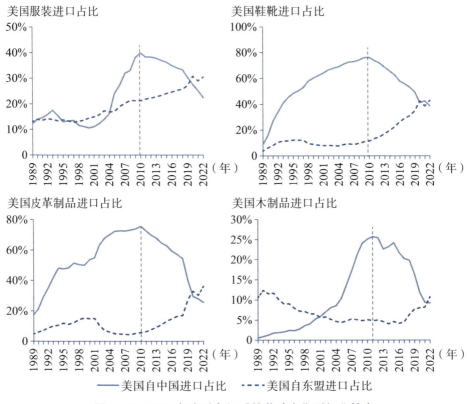

图1-12　2008年金融危机后的劳动密集型行业转出

资料来源：USITC，兴业研究。

　　当前，我国产业又一次面临产业迁移，但是这次并非成熟产业的被动迁移，而是新兴产业的主动出海。为了应对可能的贸易壁垒，光伏、锂电、新能源等行业主动在东南亚、拉美建立生产基地，从表象上看是产业的"被迫"转出。但是不同之处在于，这次转移的是新兴产业，我国作为产业转移的"头雁"，中资企业作为价值链的核心企业，掌握价值链分配权，即使没有当前的贸易挑战，必然也会主动进行全球化扩张（转出低端环节、保留高端环节）。这些新兴产业在国内进行了充分竞争后，在国外的市场将面临更少的竞争，更容易实现高毛利。

图1-13 我国上市非金融企业国内和海外毛利率

资料来源：Wind，兴业研究。

随着国际化推进，本土企业将逐渐成长为跨国企业。我国企业国际化进展处于初期，2023年A股上市公司境外业务收入平均占比为13.6%，这一数据包括"内产外销"和"外产外销"的数据。日本2023年海外企业生产率是35%，这一数据仅仅是"外产外销"。

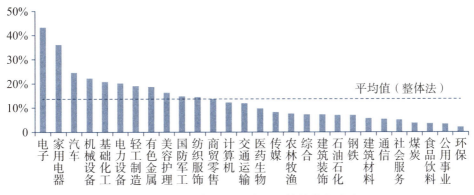

图1-14 2023年A股上市公司境外收入占比

资料来源：Wind，兴业研究。

（三）从低端环节转出到高端环节发展

探讨产业转移时，必然要考虑产业转移对我国制造中心地位的影响。我们认为负面影响较小，正面作用更大。

产业转出还是保留并非完全取决于该环节的附加值，更取决于底层的要素禀赋。之所以低附加值环节容易转移，高附加值环节倾向保留，不仅仅是因为逐利的天然追求，更重要的是高附加值环节较难具备承接条件——高附加值环节依赖的要素禀赋不是容易替代的劳动力（体力劳动）和资本（物化劳动），而是更难替代的技术（脑力劳动）。以美国的飞机、工程机械、医药制造行业和日本的汽车、半导体材料行业为例，这些升级到高端形态的资本密集型和技术密集型产业，仅仅转移了其中的低附加值环节，并没有将整个产业转移，也没有被后发国家赶超，其原因在于其技术禀赋和人力资本的稳固。

尽管光伏、电池、汽车正在进行产能出海，但是预计核心环节继续在国内保留和发展，原因是我国具有的规模优势。我国具有国内大市场和国外大市场叠加的规模化市场，因此能够实现更高水平的规模化生产，而其他国家不具备同等体量的市场需求，因此其规模优势较难与国内企业竞争。规模化市场和规模化生产能够衍生出规模化创新，这里的创新不单单指产品创新，还指工艺创新、市场创新、资源配置创新和组织创新。以工艺创新为例，工艺诀窍并非完全是编码的知识，还以个人经验和技能的形式存在，生产规模越大，通过"干中学"积累的工艺诀窍越多，从而形成超大规模生产的工艺壁垒。类似于新结构经济学中的要素禀赋与产业结构互为循环累积关系，规模优势和产业发展也将会互相促进，确保核心产业和核心环节在我国不断成长壮大。

随着光伏、电池、汽车产业的发展，攻克芯片等瓶颈产业也是必然趋势。我国制造业规模居全球首位，拥有41个工业大类、207个工业中类、666个工业小类，是全球唯一一个拥有全部工业门类国家，在全球500多种主要工业品中，超过220种工业产品产量位居世界第一。但是关键技术和核心零部件仍有差距，"卡脖子"问题仍然突出，涨价、断供暴露了我国产业链的短板。面对国内需求的拉动力和国际产业竞争的压力，攻克关键技术已经成为不可推卸的战略使命。同时，向高附加值环节迈进，也符合产业结构高度化的必然路径。

表1-7 2018年《科技日报》列出的我国35项"卡脖子"核心技术

序号	关键技术	序号	关键技术
1	光刻机	19	高压柱塞泵
2	芯片	20	航空设计软件
3	操作系统	21	光刻胶
4	触觉传感器	22	高压共轨系统
5	真空蒸镀机	23	透射式电镜
6	手机射频器件	24	掘进机主轴承
7	航空发动机短舱	25	微球
8	iCLIP技术	26	水下连接器
9	重型燃气轮机	27	燃料电池关键材料
10	激光雷达	28	高端焊接电源
11	适航标准	29	锂电池隔膜
12	高端电容电阻	30	医学影像设备元器件
13	核心工业软件	31	超精密抛光工艺
14	ITO靶材	32	环氧树脂
15	核心算法	33	高强度不锈钢
16	航空钢材	34	数据库管理系统
17	特种铣刀	35	扫描电镜
18	高端轴承钢		

资料来源：科技日报，兴业研究。

第三节 科技创新的金融匹配

科技金融需要根据科技创新的不同阶段，匹配相适应的金融供给，即围绕创新链匹配资金链。其关键是厘清科技创新有哪些环节，进而才能根据不同环节的特点，设计合适的金融供给。科技创新分为两个阶段、六个环节。其中，"创新产生"阶段以发现新理论为起点，以开发新产品为终点，包括科学研究、概念验证、产品熟化三个环节，具有投入周期长、产出不确定和产出外部化的特点，适配财政资金、政策性金融和商业性金融的三方接力。"创新扩散"包括行业引入、行业成长、行业成熟三个环节，以出现新产业为起点，以产业成熟为终点，具有验证周期短、风险可估计、收益内化的特点，更多地适配商业性金融。

一、创新链的环节

按照任务和目标的不同，科技创新可以细分为六个环节，分别是科学研究、概念验证、产品熟化、行业引入、行业成长、行业成熟。如果将统计口径上的研发活动（包括基础研究、应用研究和试验发展）与这六个环节对应，基础研究和应用研究对应第一个环节，而试验发展可以拆分到后五个环节。但是，这后续的五个环节的创新，不仅仅涉及技术，还涉及生产、销售、管理、商业等方方面面的创新。

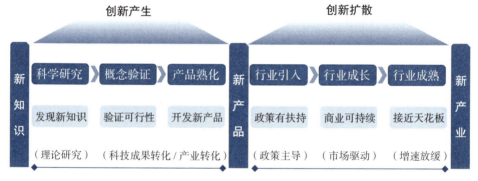

图1-15 科技创新的六个环节

资料来源：兴业研究。

（一）科学研究阶段

科学研究阶段以发现新知识为目标，包含基础研究和应用研究。基础研究和应用研究都是以获得新知识、新原理、新技术为目标，不同点在于基础研究不预设特定应用或使用目的，而应用研究以达到特定的实际目的为导向。按照熊彼特关于"创新是生产要素的新组合"的定义，这个阶段还没有开始进行生产要素的组合，因此不属于熊彼特所定义的创新。但是科学研究能够贡献新知识和新理论，为后面的组合提供了新的要素。

（二）概念验证阶段

概念验证阶段以验证技术可行性和开发实验室原型为目标。概念验证的目的是告诉大家新知识能不能开发成新产品、有没有商业前景，回答"理论上可不可行"的问题。概念验证阶段风险非常大，更准确地来说，无法用"风险大"来描述，而是应该用"奈特不确定性"来描述，即投入多少、产出多少都是不确定的、无法预估的，即使付出了大量人力物力，也并不能确保一定有产出、有多少产出、什么时候有产出。同时，概念验证阶段也缺少合适的激励，由于概念验证的产出既不是论文也不是能销售的产品，而是一种可行性的结论，因此在学术界和企业界均难以得到直接激励。高风险与低激励的共同作用，导致了概念验证阶段的市场失灵。由于奈特不确定性存在，即使是风险偏好最高的天使投资也不愿意进入这个环节。

（三）产品熟化阶段

产品熟化阶段以完成产品开发和批产准备为目标。在经过概念验证的基础上，产品熟化阶段进一步审视产品设计、优化生产工艺，进行批产准备，回答"理论上可行，怎么工程实现"的问题。产品熟化阶段的不确定性大幅降低，风险已经可以估计，投入一定数量的资金（投入不会是无限）、在较短周期（时间不会是无期）内就能够实现商业化的验证。因此，这个阶段开始吸引风险投资的进入，主要是风险偏好最高的天使投资。如果说概念验证是生产要素的"相亲"阶段，那么产品熟化就是生产要素的"结婚生子"阶段。和普通意义上的"新生儿"不同，诞生的新产品不仅对企业本身是全新的，而且对整个市场也是全新的，代表着"新种群"的诞生。

（四）行业引入阶段

行业引入阶段开始销售新产品，同时新进入企业增多，逐渐形成了一个新产业。新兴产业在与传统产业的竞争中，可能面临缺乏经济性或者说无法盈利的困境。政策扶持在这个环节就显得十分重要，能够吸收新产业赶超旧产业过程中产生的启动成本和迭代成本，从而加速新产业的发展。以光伏行业为例，20世纪末，光伏技术已具备批量生产的能力，但由于光伏发电成本高于传统的化石能源，光伏发电在经济性上没有优势，从而限制了光伏行业的发展。2000年，德国开始实施"标杆上网电价"政策，规定电网必须以标杆电价购买光伏发电，标杆电价高于光伏的发电成本，电网承担了光伏行业的迭代成本，使得光伏行业有利可图，从而推动了产业的快速发展，促进了光伏平价的到来，最终实现了商业可持续。行业引入阶段就像是行业的"未成年"阶段，这个阶段"孩子"还需要"监护人"的扶持。

从学术角度，需要明确几点： 第一，引入行业扶持可以体现为产业政策、贸易政策、财税补贴等不同形式，但是着眼点均在于孵化全新产业，使其尽早替代传统产业；第二，引入行业扶持与幼稚产业保护不同，前者是从传统产业的竞争中促进新兴产业发展，后者是从国外产业的竞争中保护本国产业发展；第三，引入行业扶持与互联网"烧钱"模式不同，前者是为了促进两个行业之间的升级换代，后者是为了在一个行业内快速建立垄断；第四，引入行业扶持的是整个行业，为新兴产业发展提供条件，换句话说，引入行业扶持要避免直接参与竞争，避免挑选赢家，要使新产业的个体能够自然优胜劣汰。

（五）行业成长阶段

行业成长阶段实现了市场驱动，政策扶持不再是行业盈利的必要条件。 同样以光伏行业为例，在光伏实现平价之前，行业仍处于引入阶段；而在光伏实现平价之后，行业进入到成长阶段。进入到行业成长阶段，新产业已经从与旧产业的竞争中胜出，即使扶持政策退出，新产业也能够实现商业的可持续。新市场的不确定性彻底消除，市场前景打开，同时意味着会吸引更多的新进入者，导致竞争更加激烈。这个环节的特点就是"卷"，企业想要保持领先，就必须进行高研发投入和扩张。行业成长阶段就像是行业的"步入社会"阶段。

（六）行业成熟阶段

行业成熟阶段规模增速放缓，技术路线逐渐收敛，市场格局逐渐稳定。进入到成熟期的行业虽然也有研发投入，但是研发的重要性大幅下降。技术并不是影响企业竞争力的最重要因素，品牌、成本、渠道、服务成为决定企业竞争力的"护城河"。行业成长阶段可以看作行业的"事业定型"阶段。

（七）小结

科技创新的六个环节可以总结为创新产生和创新扩散两个部分。创新产生包括科学研究、概念验证、产品熟化三个环节，以新产品的产生为标志，是从"书架"到"货架"的转化，具有投入周期长、产出不确定和产出外部化的特点。创新扩散包括行业引入、行业成长和行业成熟三个环节，以新产业的成熟为完成标志，是从"货架"到"市场"的发展，具有验证周期短、风险可估计、收益内部化的特点。

应该加强对创新源头环节的关注。从创新链的国际分工角度看，后发国家从事生产制造，即创新扩散，先发国家则专注技术开发，即创新产生。后发国家通过技术引进获得先进技术，通过"干中学"缩短技术差距，为先发国家提供技术需求和市场供给；先发国家则需要通过不断的科技创新来维持其技术领先地位，为后发国家提供技术供给和市场需求。在逆全球化的阶段，后发国家面临技术来源的挑战。因此，需要加大对创新产生阶段的关注，其中重要的手段是加强创新产生阶段的资金链支持。

二、资金链的匹配

在为创新链匹配资金链之前，首先需要厘清资金链有哪些形式。创新链的承担主体包括科研部门和企业部门。**科研部门**的资金链，从科研机构的整体角度来看，包括一般公共预算拨款、政府性基金预算拨款收入、事业收入等六类。从教授和课题组的个体角度来看，资金链包括纵向项目和横向项目。纵向项目是指经费来源是那些由上级科技主管部门或机构批准立项的科研项目，例如国家自然科学基金面上项目，横向项目是指企业付费委托开展研究的项目，一般也叫作产学研项目。**企业部门**的资金来源分为内源融资和外源融资：内源融资是指企业的自我融资，包括股东投入资金、留存收益和折旧，外源融资是指从政府、金融机构、金融市场获得的资金，可以分为政策性金融和商业性金融。其中，政策性金融是由政府主导的制度安排，包括政策性贷款、政策性基金、融资担保、风险分担、科创奖补、研发抵税等；商业性金融可以分为间接融资和直接融资，也可以分为股权融资和债务融资。

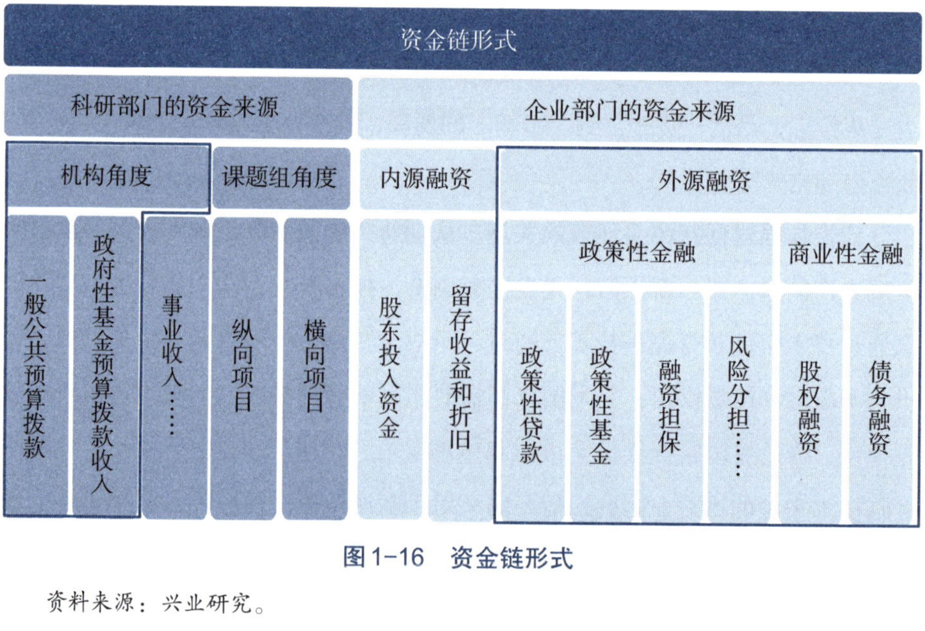

图1-16　资金链形式

资料来源：兴业研究。

由于创新链上各环节的风险回报特征存在差异，**各环节匹配的资金链也各不相同**。下文研究不同环节的资金链时，针对科研部门主要讨论财政拨款部分，针对企业部门主要讨论外源融资部分。针对存在资金链短板的环节，例如概念验证阶段和产品熟化阶段，对资金链之外的制度安排也进行了一些展开。

（一）科学研究阶段的资金链

科学研究阶段的参与者主要是高等学校、政府属科研机构和大企业。高等学校和政府属研究机构的资金来源包括财政经费和产学研合作项目，大企业的科研经费来自企业现有业务的营业收入，也就是其"基本盘"业务的支撑。历史上，大企业的研究中心产生了很多理论突破，例如美国电话电报公司的贝尔实验室、施乐的帕罗奥多研究中心。尽管和过去相比，大企业研究重心由科学研究转向试验发展，但是由于其体量庞大，大企业仍然是科学研究的重要参与者。

科学研究阶段匹配的资金链是基础研究和应用研究经费。2023年，全国共投入研究与试验发展（以下简称研发）经费33357.1亿元。其中，全国基础研究经费为2259.1亿元，占比为6.77%；应用研究经费为3661.5亿元，占比为10.98%；科学研究经费（基础研究＋应用研究）总计5920.6亿元，占比为17.75%。总的来看，我国科学研究的投入经费总额逐年增长，占研发经费比重维持在15%~18%。

图1-17 我国科学研究投入和比重

资料来源：国家统计局，兴业研究。

除了关注研发投入总量，还需要关注研发投入结构。我国研发投入是按研发主体的维度披露，也就是谁承担了研发任务。从披露齐全的2022年数据来看：基础研究方面，高等学校承担了将近一半，政府属研究机构承担了超过三分之一，企业承担了15%；应用研究方面，政府属研究机构、高等学校、企业各自承担了大约三分之一。

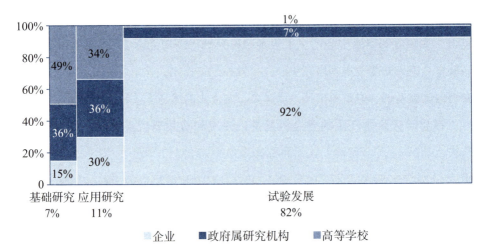

图1-18　2022年我国研发投入结构（研发主体角度）

注：1.我国研发投入结构按研发主体角度拆分，即研发活动"谁来承担"。2.企业的基础研究、应用研究和试验发展经费的计算方式为这三类研发经费的总额分别减去高等学校和政府属研究机构的部分，也就是将其他主体的研发经费并入到了企业部门。

资料来源：国家统计局，兴业研究。

（二）概念验证阶段的资金链

概念验证阶段容易出现市场失灵，市场自发参与者较少。概念验证处于科学研究和产品熟化阶段之间，主要目标是验证技术可行性，其高不确定性和弱激励等原因使市场无法有效配置资源。在概念验证阶段，新产品还没有出现，新产业更没有出现，这时候需要"有形之手"来创造"新市场"。马祖卡托在《创新型政府》一书中写道，政府能够承担市场上风险最大、最不确定的投资任务，投资于私人部门即使有钱也不会投资的场景，进而直接创造市场；在互联网、生物技术、空间技术、页岩油、纳米技术等领域，政府部门进行了10~15年的持续投入后，风险资本才会出现。[①]

概念验证阶段适合的资金链是政策性金融。概念验证具有半公益半商业的性质，然而财政资金和商业性金融都偏向一端，难以满足概念验证的需求。介于两者之间的政策性金融，更加适合这个阶段。

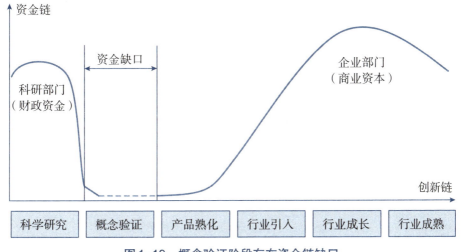

图1-19　概念验证阶段存在资金链缺口

资料来源：兴业研究。

相比概念验证阶段的资金链安排，支撑体系方面建设相对先行。国家层面，概念验证已经受到高度关注，并被视为国家科技创新体系中的关键组成部分。自2017年起，我国开始在中央政策文件中提及概念验证，并逐步推动相关支持体系的构建。国务院发布的《关于印发国家技术转移体系建设方案的通知》中提到，建立开放共享的创新平台，为技术**概念验证**、商业化开发等技术转移活动提供服务支撑。2024年，党的二十届三中全会指出："深化科技成果转化机制改革，加强国家技术转移体系建设，加快布局建设一批**概念验证**、中试验证平台，完善首台（套）、首批次、首版次应用政策，加大政府采购自主创新产品力

---

① 玛丽安娜·马祖卡托.创新型政府[M].北京:中信出版社,2019:18-22.

度。"地方政府层面，普遍做法是鼓励和支持高校、政府属研究机构、科技园建立概念验证中心。这些新建的概念验证中心通常是依托于现有的技术转移中心，资金来源多样，包括政府设立的专项资金、通过产学研合作募集的基金以及自筹资金。

表1-8　概念验证中心建设进展

成立时间	概念验证中心名称
2018年4月	西安交通大学概念验证中心
2019年10月	中关村科学城—北京航空航天大学概念验证中心
2020年11月	清华工研院概念验证中心
2021年11月	中科院科技创新发展中心CAS概念验证中心
2021年	上海理工大学"医工交叉平台"概念验证中心
2022年6月	中关村科学城—北京大学第三医院临床医学概念验证中心
2022年10月	浙江大学启真创新概念验证中心
2022年	华东理工大学概念验证中心
2022年	"同济致蓝"概念验证中心
2023年10月	上海交通大学—临港未来产业前沿技术概念验证中心
2023年11月	上海大学环上大智能制造概念验证中心
2023年12月	北京中科概念验证平台

资料来源：上海情报服务平台等，兴业研究。

（三）产品熟化阶段的资金链

产品熟化阶段的参与者是大企业和初创企业。由于经过了概念验证，技术不确定性已经降低，开发新产品需要投入的资金和时间基本确定，可以预期投入和产出，这使得大企业愿意参与其中。同时，由于初创企业能够捕获全部的风险收益，因此来自学校和业界的科研人员、技术人员，也常常选择创立初创公司，将可商业化的科研成果进行转化，即熊彼特所言的"通过创业进行创新"。

产品熟化阶段匹配的资金链主要是政策性金融和商业性金融中的股权投资。

创立初创企业的人有想法，但是并不一定有资本，因此初创企业非常依靠外源性融资。这个阶段的外源性融资要么是"不要求回报"的政策性金融，要么是风险偏好很高的早期股权投资。银行贷款也可提供普惠型小微企业贷款、高科技人才创业贷款以及保证增强型信贷的信贷产品。

产品熟化阶段的政策性金融包括合作创新采购和种子基金。合作创新采购有助于分担产品熟化阶段的研发风险，并且能够通过政府的采购能力创造新的市场需求。 2024年4月24日，财政部发布《政府采购合作创新采购方式管理暂行办法》。合作创新采购是指采购人邀请供应商合作研发，共担研发风险，并按研发合同约定的数量或者金额购买研发成功的创新产品的采购方式。合作创新采购是一种全新的政府采购模式，对采购的创新产品有明确定义，需要侧重应用技术创新，不是现有产品的改进。为了更好地实施合作创新采购，建议进一步细化配套措施。一是明确采购方的采购预算，确保持续、广泛的支持，从而消除创新缺口（现实创新与潜在创新的差值）；二是加强对科技初创企业的扶持力度，充分发挥小企业的能动性，鼓励大企业对小企业进行收并购或者技术采购；三是设定统一管理部门，加强专家评议和公开披露，选择在全国范围内有竞争力的企业，避免区域低水平重复资助。

表1-9　我国现有的政府采购形式

采购方式	描　述
公开招标	作为政府采购的主要采购方式，要求公开透明，公平竞争。
竞争性谈判	适用于招标后没有合格标的或重新招标未能成立等情形。
单一来源	只能从唯一供应商采购或遇紧急情况不能从其他供应商处采购等情形。
询价	适用于货物规格、标准统一、现货货源充足且价格变化幅度小的项目。
邀请招标	适用于具有特殊性，只能从有限范围的供应商处采购的项目。
竞争性磋商	适用于政府购买服务项目，技术复杂或市场竞争不充分等情形。
框架协议采购	适用于技术、服务等标准明确、统一，需要多次重复采购的货物和服务。
合作创新采购	适用于有实质性的技术创新，包含新技术原理、技术思想或者技术方法。

资料来源：《中华人民共和国政府采购法》等，兴业研究。

种子基金是一种以政府引导基金参与出资、旨在弥补概念验证阶段和中小

试阶段的资金缺口的政策性金融。2023年，深圳市正式成立了种子母基金，并在2024年初成立了首只种子子基金，规模达到2亿元人民币。深圳种子基金更注重于早期初创企业，特别是那些具有自主知识产权、科技含量高、创新能力强的种子期科技项目。长春市也设立了长春未来种子基金，该基金总规模为10亿元人民币，首期种子基金规模为1亿元。长春种子基金旨在推动科技成果的转化，专注于支持高校院所的种子期科技成果以及具有高成长潜力、高科技含量的初创期企业和项目。种子基金的成立标志着创业投资链条上至关重要一环的补齐。

产品熟化阶段的商业性金融主要是早期股权投资。严格来说，早期股权投资指的是对某一阶段行业的产品熟化阶段的股权投资，与某一阶段企业的股权投资无法画等号，但是考虑到数据可得性以及行业发展阶段与企业发展阶段的关联关系，因此本书采用企业种子轮、天使轮的股权投资情况来反映早期股权投资（下文创业股权投资和成长股权投资的数据来源采用相似的逻辑，不再赘述）。2023年，早期股权投资总共投资了1364家企业，披露的投资金额达到426亿元。

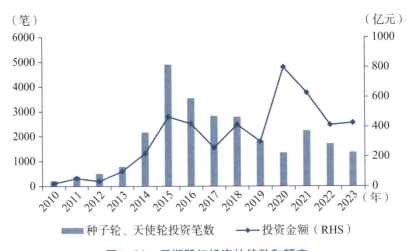

图1-20 早期股权投资的笔数和额度

资料来源：清科研究中心，兴业研究。

除股权投资和政策性金融以外，产品熟化阶段还建立了包括中试平台、关键共性技术平台在内的配套制度。中试平台是专门提供中试服务的载体。在新材料领域，中试平台的建设规划较为领先。2024年9月，工业和信息化部、国家发展改革委印发《新材料中试平台建设指南（2024—2027年）》，计划到2027年，力争建成300个左右地方新材料中试平台，并在其中筛选出20个左右的平台进行重点培育，以打造高水平的新材料中试平台。共性技术平台是提供共性技术研发及应用服务的功能型载体。《中华人民共和国国民经济和社会发展第十四个五年规划和2035年远景目标纲要》提出，支持产业共性基础技术研发，打造新型共性技术平台。关键共性技术平台需要协调公益性与商业性之间的矛盾。《硬科技2：从实验室到市场》一书认为，关键共性技术平台目前仍然存在运行模式不畅、运行效能有限的挑战，依托高校、科研院所建设的平台对外共享不足，依托社会资本建设的平台投入较大，难以覆盖成本。[①]从比利时微电子研究中心、谢菲尔德大学先进制造中心的成功经验看，共性技术平台需要更加协同的制度设计。

（四）行业引入阶段的资金链

行业引入阶段的参与者包括大企业和中小型科技企业。这个阶段，新产品已经实现了批量生产和批量销售，尽管目前还没有盈利，但商业模式已经得到了验证。随着行业的发展，大企业并始设立单独的事业部或者了公司，初创企业逐步成长为中小型科技企业。

行业引入阶段匹配的资金链基本上以商业性金融为主，包括股权投资和银行贷款。

股权投资方面，主要是面向引入期行业的创业股权投资。假设创业股权投资包括A轮到B轮的股权投资。2023年，创业股权投资总共投资了3602家

---

① 米磊等.硬科技2：从实验室到市场[M].北京：中国人民大学出版社，2024：172.

企业，披露的投资金额达到4196亿元。为了提振股权投资，2024年监管部门密集出台了多项政策，具体措施包括拓展创投基金募资渠道、健全创业投资退出机制、畅通硬科技企业上市渠道、便利私募基金份额转让支持创业投资退出等。

图1-21　创业股权投资的笔数和额度

资料来源：清科研究中心，兴业研究。

银行贷款方面，主要是面向引入期行业和中小科技企业的信贷产品。为了满足该阶段企业的资金需求，银行推出了多样化的信贷产品。这些产品包括但不限于以下几种：流动资金贷款，帮助企业应对日常运营的资金需求；知识产权质押融资，允许企业以知识产权作为质押获取贷款；工业厂房贷款，为企业购买或扩建厂房提供资金支持；无还本续贷，为企业提供续贷服务，企业无须偿还本金，减轻企业还款压力；投贷联动，结合股权投资与贷款，为企业的成长提供更全面的金融支持；"贷款+外部直投"模式，通过贷款与直接投资相结合的方式，既为企业提供贷款资金，又参与企业的股权投资。这些多元化的信贷产品旨在更好地服务于引入期行业的发展，助力企业克服行业引入阶段的资金瓶颈。

流动资金贷款

知识产权质押融资

工业厂房贷款

无还本续贷

投贷联动

贷款＋外部直投

图1-22　商业银行面向行业成长阶段的金融服务

资料来源：兴业研究。

（五）行业成长阶段的资金链

行业成长阶段的参与者包括大企业、专精特新企业、"小巨人"企业。随着规模的增加、技术的成熟、成本的降低，行业进入到无须政策扶持就可以实现商业可持续的阶段，市场规模在这个阶段会快速增长，除了那些最初就布局研发的大企业，新的大企业也会通过投资来切入，中小型科技企业开始成长为专精特新和"小巨人"，部分企业进入到IPO阶段。

行业成长阶段匹配的资金链是商业性金融，包括股权投资和银行贷款。

股权投资方面，主要是面向引入期行业的成长股权投资。假设成长股权投资包括从C轮到Pre-IPO轮的股权投资。2023年，成长股权投资总共投资了756家企业，披露的投资金额达到1934亿元。

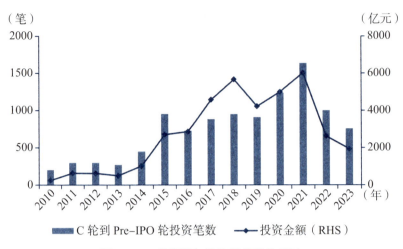

图1-23　成长股权投资的笔数和额度

资料来源：清科研究中心，兴业研究。

银行贷款方面，主要是面向成长期行业的信贷产品。这个阶段中小型科技企业已经成长为专精特新、"小巨人"、拟上市企业，商业银行能够为这些企业提供更加全面的金融服务方案。除了前文提到的相关产品，还可以提供以"科创企业"为核心的商行产品、以"权益"为核心的投行产品、以"人才"为核心的零售产品和以"供应链"为核心的交易支付产品。

图1-24　商业银行面向行业成长阶段的金融服务

资料来源：兴业研究。

（六）行业成熟阶段的资金链

行业成熟阶段的参与者基本上是科技大型企业。这个阶段行业增速放缓，由快速发展阶段过渡到成熟阶段，市场结构趋于稳固，行业主导权逐渐集中于少数几家科技大型企业手中。

行业成熟阶段匹配的资金链最为充裕，涵盖了几乎所有的商业性金融资源。资本市场在此阶段的功能得以全部发挥，可以提供IPO、定增、再融资等多层次服务。银行方面，服务范围也得到显著扩展，不仅提供项目贷款、并购贷款、银团贷款等债务融资，也可以提供科创票据、股权激励融资、可转债融资、股票质押融资、定向增发等多元化融资工具。贷款数据和资本市场的相关数据难以拆分科技行业与非科技行业，也难以拆分成长期行业和成熟期行业，因此这里仅展示总的数据。

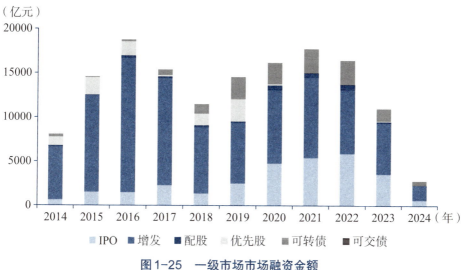

图1-25 一级市场市场融资金额

资料来源：Wind，兴业研究。

（七）小结

对应创新产生和创新扩散两个阶段，科技金融可以分为科技创新金融和科

技产业金融。由于创新产生具有投入周期长、成果不确定和产出外部化的特点，**科技创新金融需要财政、政策性金融和商业性金融的三方接力；**由于创新扩散具有验证周期短、风险可估计、收益内部化的特点，**商业性金融能够发挥主要作用。**

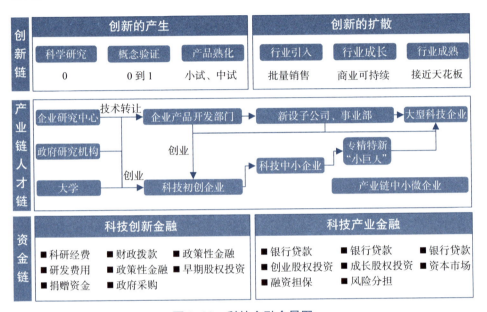

图 1-26　科技金融全景图

资料来源：兴业研究。

三、发达经济体匹配资金链的经验

前文将创新链分为六个环节，并分别分析了我国在不同环节所匹配的资金链。下文继续针对创新链的六个环节，梳理发达经济体在资金链安排方面的经验。

（一）科学研究阶段的经验

美国是按照研发投入主体的维度披露研发投入。从美国国家科学委员会披露的2022年数据看，基础研究方面，政府出资占比为40%，大学自筹资金占比为13%，企业出资占比为37%，其他机构（如NGO）出资占比为10%；应用研究方面，政府出资占比为29%，大学自筹资金占比为4%，企业出资占比为62%，其他机构出资占比为5%。整体来看，企业部门在基础研究和应用研究上出资规模较大（总研发投入企业部门占比也较大）。企业部门的研发出资主要来自大企业，美股"科技七姐妹"（Meta、苹果、亚马逊、谷歌、微软、英伟达、特斯拉）在2023财年的科研经费投入总数为4000亿美元，如果按照2022年企业对基础研究（占比为7%）、应用研究（占比为15%）投入占比计算，"科技七姐妹"在科学研究方面投入的经费估计为880亿美元。

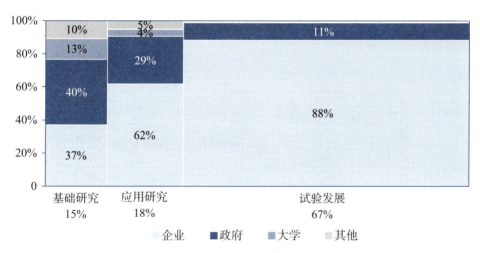

图1-27　2022年美国研发投入结构（研发出资角度）

注：美国研发投入结构按研发出资的角度拆分。
资料来源：美国国家科学委员会，兴业研究。

　　仅看上述数据，可能得出政府部门应该减少对科学研究甚至整个研发活动的投入比例的结论；但从历史角度看，政府投入对于催生新产业部门至关重要，在新的产业部门发展壮大后，新的部门里的企业为了维持"技术差异"，会自发地接力政府进行科学研究。从20世纪50年代到21世纪20年代，美国企业部门和政府部门的研发投入比例，就经历了这样的"大分流"情况。在美苏争霸白热化的五六十年代，美国政府部门研发投入占比超过了60%，IBM等大公司的研发投入很大程度上由政府以项目开发的形式支付；随着1969年"阿波罗"登月计划的"成功"，美国政府认为无需再大量投入，研发投入占比下降，但仍然高于企业部门；政府资助的研究产生了大量的新要素（晶体管技术、集成电路技术、软件技术），这些新要素在20世纪70年代进行了新组合、催生了新产业（红杉资本和凯鹏华盈成立于1972年、微软成立于1975年、苹果成立于1976年）；随着里根政府上台，风险投资鼓励政策、小企业扶持政策、产业转移促进政策推出，电子和半导体产业迅速发展，企业部门的研发投入开始超过政府部门；而随着克林顿政府上台，信息技术、互联网迎来高速发展，科技巨头的体量越来越大，初创企业成长为科技巨头所需要的时间越来越短，最终企业部门的研发投入远超政府部门，占比超过70%。

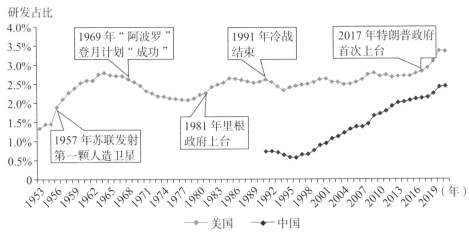

图1-28　中、美研发费用占GDP比例

资料来源：美国国家科学委员会，兴业研究。

当前从研发投入结构的角度看，中国研究部门承担得更多、美国企业部门承担得更多。为方便对比，美国方面，需要将其数据从研发出资者的维度转换为研发承担者的维度：假设政府出资全部拨付给大学和政府属研究机构，企业出资全部拨付给企业部门自身，其他机构的出资也计入企业部门，那么基础研究领域，美国研究部门（大学和政府属研究机构）承担了52%，企业部门承担了48%；应用研究领域，美国研究部门承担了33%，企业部门承担了67%。中国方面，本身是从研究承担者角度进行披露：基础研究领域，研究部门（高等学校和政府属研究机构）承担了85%，企业部门承担了15%；应用研究领域，研究部门承担了70%，企业部门承担了30%。如果考虑到中美两国在科学研究投入上的差距（2022年中国818亿美元、美国2893亿美元），两国研究部门的对科学研究的投入差异会有所缩小，企业部门对科学研究的投入差异会进一步拉大。

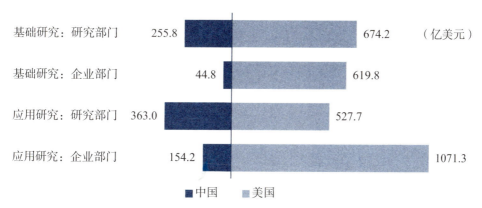

图1-29　科学研究阶段中美产、研部门的承担体量

资料来源：国家统计局，美国国家科学委员会，兴业研究。

（二）概念验证阶段的经验

美国对概念验证阶段的支持主要通过联邦政府机构来实施，匹配的资金链是财政拨款。为概念验证提供资金支持的政府机构涵盖了美国国防高级研究计划局（DARPA）、美国国立卫生研究院（NIH）、美国航空航天局（NASA）等，这些政府机构分别为其专业领域内的概念验证项目提供资金和配套支持。

军事领域的概念验证由DARPA推动，该部门2024财年申请的预算为43.88亿美元。DARPA成立于1958年2月，推动了阿帕网（互联网前身）、"星球大战计划"、"阿波罗"登月计划、气象卫星、GPS、无人机、隐形技术、大功率激光、鼠标、语音界面、红外夜视等一系列创新技术的发展。DARPA的定位是开展高难度、高回报、高风险的颠覆性项目，解决科学上可行却没有技术方案的挑战（DARPA Hard问题）。DARPA Hard的定位也代表着DARPA主要从事概念验证的工作：一旦验证了技术可行性或者形成了技术方案，DARPA会将其转交给军方研发部门或企业进行产品开发。这一定位也可以从DARPA申请的国防预算种类中得到证明：美国国防预算分为8个种类，分别是基础研究、应用研究、先进技术开发、先进部件和原型开发、系统开发和展示、管理支持、操作系统开发、软件和数字技术试点项目，DARPA申请了其中的四个预算种类，分别是基础研究、应用研究、先进技术开发和管理支持。DARPA没有申请先进部件和原型开发、系统开发和展示的预算，这也证明DARPA主要承担概念验证的工作，不承担产品开发的职能。DARPA资助的对象十分广泛，不仅包含企业，还包含大学、军方内部研发机构、联邦政府资助的研发机构、非营利组织等。

（百万美元）

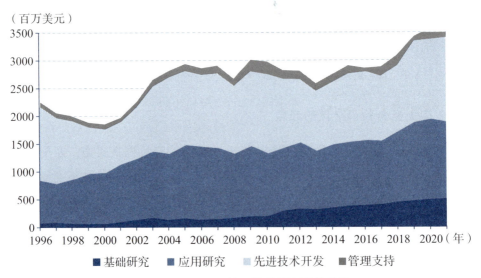

图1-30　DARPA的预算总额和预算种类

资料来源：美国国会研究服务局，兴业研究。

医学领域的概念验证通过NIH推动，该部门2024财年申请的预算为486亿美元，除此以外还为ARPA-H（高级健康研究计划局，生物医药领域模仿DARPA建立的机构）申请了15亿美元的预算。NIH预算的80%~90%以竞争性奖金形式进行对外资助，每年资助5万个项目。由于NIH承担了大量的研究成本，因此能够支撑美国制药业的长期、持续发展。《制药业的真相》一书中写道，病理研究作为药物研发的起点，是研发过程中最具创造性和不确定性的阶段，这一过程通常由NIH资助的大学或政府实验室完成，当病理分析清楚后、进入药物发现阶段时，风险资本、生物技术公司、大型制药公司才会参与。[①]风险资本资助生物技术公司进行临床前研究，大型制药公司收购研究成果，进行临床试验、药物注册和市场营销。美国商业保险的购买力和全球市场的空间使得大型制药公司能够形成规模庞大的收入。政府对制药公司的税收，能够继续作为NIH的资金来源，从而实现美国生物医药产业的创新循环。

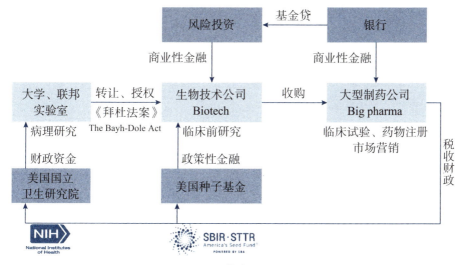

图1-31　美国生物医药产业的创新链与资金链

资料来源：兴业研究。

---

① 马西亚·安洁尔.制药业的真相[M].续芹,译.北京:北京师范大学出版社,2006:16-17.

航空航天领域的概念验证由NASA推动，该部门2024财年申请的预算为272亿美元。NASA通过与企业签署研发合同资助新技术的开发和验证，不仅推动了航空航天领域的发展，也促进了相关技术的民用转化。NASA也以其推动技术转化为民用副产品而闻名。例如在"阿波罗"登月计划期间，NASA与大约两万家企业签署了研发合同，这不仅促进了火箭技术、生命维持系统、导航和通信技术的发展，也为许多民用技术的创新和商业化奠定了基础。这些技术后来被转化为各种民用产品，如尿不湿、心脏起搏器、水过滤系统等。对于相关民用产品企业来说，NASA承担其概念验证阶段的研发成本，使其在完成政府研发合同的同时，积累了共性关键技术。

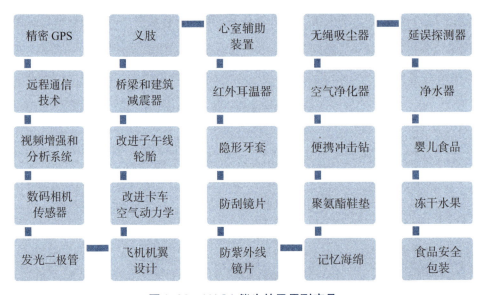

图1-32　NASA催生的民用副产品

资料来源：美国国家航空航天局，兴业研究。

（三）产品熟化阶段的经验

美国在产品熟化阶段的政策性金融安排是美国小企业种子基金[①]，匹配的

　　[①]　严格来说，美国小企业种子基金是面向概念验证和产品熟化两个环节，但所资助的项目已经具备概念验证的初步结果，通常能够完成新产品开发并实现商业化。

资金链是联邦政府部门的研发经费。小企业种子基金包括小企业创新研究计划（SBIR）和小企业技术转让计划（STTR）。SBIR和STTR有充足的资金来源，委外研发预算（指分配给企业、大学等非联邦内部机构的研发预算）超过1亿美元的联邦机构，必须将其中的3.2%用于SBIR，委外研发预算超过10亿美元的联邦机构，必须将其中的0.45%用于STTR。根据sbir.org网站披露的最新数据，2019年SBIR总计资助金额达32.92亿美元，共资助6081个项目，STTR总计资助金额达4.29亿美元，共资助908个项目（2020年的数据尚未审计，2021年和2022年的数据尚不完整）。SBIR和STTR对早期技术的资助是风险投资的2~8倍，是大部分初创企业获得风险投资之前的首个资金来源，资助成功的项目更加受到风险投资和产业资本的青睐。《美国创新简史》中提到这样一个案例，高通创始人欧文·雅各布斯在国会上演讲中讲道，"对于高通来说，SBIR虽然不是当时唯一的资金来源，但是关键的准入印章，是成功引入私人投资的基础"[1]。

　　美国种子基金专注于对产业熟化阶段的企业雪中送炭，而不是锦上添花。美国种子基金以固定比例的财政资金作为小企业种子基金，"不考核资金回报""不要求股权""不谋求专利或技术所有权"，但是资助项目必须对应以开发新产品/新服务为目的、有实际需求的应用研发项目，同时通过科学的专家评议机制和信息披露机制，在全国范围内评选优秀企业。这使得美国种子基金的资助对象更能聚焦在产品熟化阶段的高风险项目，而不会因为追逐回报而资助中后期的低风险项目。

---

① 乔纳森·格鲁伯,西蒙·约翰逊.美国创新简史[M].穆凤良,译.北京:中信出版社,2021:143-144.

图 1-33　2000—2019 年 SBIR 和 STTR 资助项目数量

资料来源：sbir.org，兴业研究。

美国种子基金考核的不是投资回报，而是综合经济社会效益。以美国国防部的种子基金为例，其产出指标是投入产出比、新产品和新服务销售额、全国经济影响、新增军事销售、创造工作岗位数量。1995—2012 年美国国防部在 SBIR 和 STTR 第二阶段总计投入了 144 亿美元，截至 2018 年，投入产出比为 1∶22。

新产品和
新服务销售
1210 亿美元

全国经济影响
3470 亿美元

投入产出比
1∶22

新增军事销售
280 亿美元

创造工作岗位
150 多万个

图 1-34　美国国防部对 SBIR 和 STTR 的效益统计

资料来源：sbtc.org，兴业研究。

更进一步地，美国还通过财政资金培训帮助研究人员了解如何开办企业、

如何申请种子基金。美国国家科学基金会（NSF）于2012年开始运行Innovation Corps（I-Corps™）项目，吸引了超过2500个团队参与。该项目成功助力了近1400个团队创立了初创企业，这些企业在后续的发展中累计筹集了31.6亿美元。

图1-35　美国国家科学基金会资助研究人员创业

资料来源：nsf.org，兴业研究。

（四）行业引入阶段的经验

美国在行业引入阶段匹配的资金链主要是风险投资，同时银行也可参与其中。风险投资作为一种金融制度创新，经历了多年的完善，其中募资和退出机制两大环节尤为值得借鉴。

募资方面，鼓励多样化资金来源和多样化的投资机构。一方面，致力于扩大资金来源。1946年，多里奥特执掌美国研究与发展公司（American Research and Development Corporation，ARD），标志着现代风险投资行业的诞生。ARD虽然能够从机构投资人那里筹资，但是公司制限制了其资金的募集。1958年，在苏联发射第一颗人造卫星之后，美国开始为小企业投资公司（Small Business Investment Company，SBIC）提供补贴，但是公司制的SBIC同样运行效果不佳，到60年代末被合伙制超越。以合伙制组织的私募股权基金能够更容易募集资金。1979年私募股权基金又增加了长线资金来源，劳工部澄清了"审慎人法则"，允许企业养老金投资高风险资产，强调根据整体投资组合的风险回报来评估审慎性。十年后，各州的政府养老金也开始投资于私募股权基金。**另一方面，致力于打造多层次的股权投资机构。**这些投资机构除天使投资机构、风险投资（VC）机构以外，还包括数量广泛的孵化器、加速器、股权众筹网站。初创企业即便在一个地方融资受挫，也能在其他地方找到支持。孵化器、加速器具有充足的资金，创始人/导师具有丰富的投资经验，能够对接后续的风险投资。所支持的企业在度过种子期后，往往能够实现后续资金的接续。2012年，美国颁布《创业企业扶助法》（Jumpstart Our Business Startups Act，JOBS法案），标志着美国放开了股权众筹市场。创业公司和小企业每年可以通过股权众筹的方式私募集资不超过100万美元。

Y Combinator	techstars_	500	AngelPad	StartX
Y Combinator：2005年成立，培育5000多初创企业，企业参与项目后平均获得130万美元融资。	TechStars：2007年成立，培育初创企业完成项目时，平均募得1100万美元。	500 Global：2010年成立，培育超过2800个初创企业。参与者出让6%股权获得15万美元。	AngelPad：2010年成立，培育150家初创企业，平均每家企业获得1500万美元融资。	Start X：2011年成立，孵化了400多个团队，总估值超过400亿美元。不要求孵化公司股权。

图1-36　美国的孵化器、加速器

资料来源：兴业研究。

图1-37　美国的众筹网站

资料来源：兴业研究。

退出方面，美国建立了多层次资本市场，既能够为各种规模的科技企业提供融资，也满足了资本的退出需求。美国的多层次资本市场包括主板市场、区域性市场、全国性小型资本市场和场外市场。其中，主板市场包括纽约证券交易所（NYSE）、美国证券交易所（AMEX）纳斯达克（NASDAQ）；区域性市场包括费城交易所、芝加哥交易所、波士顿交易所、太平洋交易所等；全国性小型资本市场指的是纳斯达克小盘股市场（也叫作纳斯达克资本市场），主要满足高风险、高成长的创新型企业的上市需求，上市要求相比主板更低；场外市场指的是场外交易集团（OTC Markets Group），为那些不满足在交易所上市条件的企业提供股票交易服务。这里重点介绍一下OTC Markets Group。OTC Markets Group 包括 OTCQX 最佳市场、OTCQB 风险市场和 Pink 公开市场（粉红单市场）三个层级，不同层级有着不同的监管和财务披露要求。OTC Markets Group 是中小企业私募发行股票的重要场所，为投资者提供了多样性的退出渠道。《美国中小企业金融支持研究》一书认为，私募市场在处理信息不对称问题上比公开资本市场更为高效。同时，对公开资本市场的监管能够为私募市场创造宽广的发展空间。[①]

美国银行机构对于引入期阶段企业支持也有多种形式。一是银行可以采取直接股权投资的方式，成为科技企业的股东；二是银行通过提供创业投资贷款等信贷产品，支持科技企业的成长和发展，这方面以硅谷银行的风险贷款（Venture Debt）较为典型，这类贷款投向处于 B 轮到 D 轮阶段的初创企业，其核心并非仅仅是以企业融资性现金流作为还款来源，更在于获得一定数量的认股权（equity upside）来扩大收益，即使有认股权的存在，风险贷款也比风险投资更少地稀释控股股东股权[②]；三是银行通过向私募股权（PE）和风险投资（VC）等金融机构发放贷款等手段，间接地为科技创新企业注入资金。

此外，不能忽视政府对于行业引入阶段的作用，政府能够充当早期采购者，通过采购新兴产品来促进其产业发展。这样的实证在计算机行业和半导体行业发展前期屡见不鲜。计算机的发展经历了真空管时代、晶体管时代、集成电路时代、微处理器和个人计算机时代。真空管时代，IBM 一半的计算机销售额来自军方的 B52 轰炸机制导计算机和半自动地面防空系统项目（Semi-Automatic

---

① 阮铮. 美国中小企业金融支持研究[M]. 北京：中国金融出版社，2008：105-107.

② What Is Venture Debt? How Can It Support Diverse Founders? Builtin[EB/OL].（2022/11/24）[2024/11/01]. https://builtin.com/articles/venture-debt.

Ground Environment，SAGE）；晶体管时代，IBM第一台全晶体管计算机IBM709的客户是陆军的席尔瓦尼亚弹道导弹早期预警系统；集成电路时代，IBM的System/360计算机虽然不是军用计算机，但是是IBM与美国国家安全局和原子能署合作的产物；微处理器和个人计算机时代，个人计算机的普及有赖于低成本的存储器和芯片，而芯片的早期订单来自政府。《芯片战争》一书中提到，20世纪60年代中期，从卫星到遥测、从鱼雷到声呐，美国军方在各种武器中采用了芯片。可以说美国芯片行业在早期得益于军方的高价采购，为其后续进入民用市场打下了坚实的基础。[①]

（五）行业成长阶段的经验

日本在行业成长阶段匹配的资金链主要是银行贷款。日本经历了从战后重建到20世纪80年代的高速增长，在此期间，诸如钢铁、机电、石化等产业，以及随后发展的汽车和半导体行业经历了快速发展。这些行业在当时均处于行业成长阶段，所需的技术已经开发，沿着先发国家的范例路径即可。日本的金融供给形式适合支持成长型行业发展。《战后日本经济史》中写道，日本长期保持的低利率，再加上对直接融资的限制，使得银行成为企业获取资本的主要渠道，在政策安排下，银行优先为工业企业贷款，为战后日本的经济重建和高速增长提供了长期稳定和低成本的融资，满足了企业的大规模生产的资金需求。[②]由于日本国内市场也有较大的体量（"一亿总中流"），在国内市场磨砺出来的日本公司，在国际市场上也具有相当强的竞争力。

（六）行业成熟阶段的经验

德国在行业成熟阶段匹配的资金链也是银行贷款。德国的制造业以盛产单

---

① 克里斯·米勒.芯片战争：世界最关键技术的争夺战[M].蔡树军，译.杭州：浙江人民出版社，2023：34-35.

② 野口悠纪雄.战后日本经济史[M].张玲，译.北京：民主与建设出版社，2018：100-102.

项冠军闻名，而这些单项冠军大多是百年老店，从事的行业处在成熟阶段。由于成熟行业本身就是"现金牛"，德国企业本身外源性融资需求相对不高，外源性融资主要来自银行。《金融的谜题：德国金融体系比较研究》中写道，德国银企关系具有关系型融资的特征，银企长期交往中建立的互动关系和共享的非公开信息在融资中起到重要作用，同时德国信贷文化也较为谨慎，尽管形成了"管家银行"式的银企关系，但对于抵押物的要求却并未因此而放松。①

此外，虽然德国金融系统主要面向创新扩散阶段，但其科技体系很好实现对创新产生阶段的资助。德国的科技体系具有双重使命，一是加强德国的知识生产能力，二是加强知识在经济中的创新应用。因此，德国也有类似于美国的种子基金制度（资金来源）和技术转移体系（技术来源）。例如，在鼓励小企业创新方面，2007年，德国联邦教育与研究部推出了"中小企业研究与创新计划"（Kleine und mittlere Unternehmen-innovativ，KMU-innovativ），支持生物技术、医疗、信息和通信技术等10个领域的中小企业前沿技术创新；2008年，德国联邦经济与气候部推出了"中小企业创新促进计划"（Zentrale Innovationsprogramm Mittelstand，ZIM），旨在支持中小企业和合作科研机构的创新活动，使得中小企业获得最先进的技术；2019年，德国联邦经济与气候部又推出了"商业模式和开创性解决方案创新计划"（Innovationsprogramm für Geschäftsmodelle und Pionierlösungen，IGP），旨在促进产品、服务、流程、组织和营销以及商业模式等非技术方面的创新。这些中小企业创新促进计划，采用事前资助而不是事后奖补的方式，为中小企业分担一定比例的研发费用或提供固定金额的资助，有效地实现了对概念验证和产品熟化阶段的资金支持。在技术转移方面，既有著名的史太白技术转移中心负责连接科研部门和企业部门，作为德国三大研发支柱之一的学会（马普学会、弗朗霍夫学会、亥姆霍兹学会、莱布尼茨学会），也建立了相应的技术转移机构。

---

① 张晓朴,朱鸿鸣等.金融的谜题:德国金融体系比较研究[M].北京:中信出版社,2021:83-86.

（七）小结

发达经济体围绕创新链匹配资金链的经验各有所长。在科技创新金融领域， 美国提供了优秀的范例，在科技产业金融领域，日德的经验更具借鉴意义。这 些经验为我国提高瓶颈环节金融供给、规范过剩环节的金融配置提供了宝贵的 参考。

四、思考与建议

（一）业务建议

商业银行的传统优势是科技产业金融，同时具备向科技创新金融延伸的潜 力，在这两个领域均有待开发的业务机遇。

在科技创新金融领域，金融供给包括财政资金、政策性金融和商业性金融。 在科学研究阶段，商业银行应加强与大学、政府性科研机构的对接力度，达成 战略伙伴关系，从财务管理、校园低碳建设、产学研对接、在校师生福利等维 度，提供多层次的金融和非金融服务。在概念验证阶段，商业银行可为概念验 证中心的建设提供贷款支持，同时储备早期优质项目信息。在产品熟化阶段， 商业银行可完善面向初创企业和创业人员的产品体系，及早与初创企业建立合 作关系，积极推广认股选择权等与早期企业风险、收益相匹配的服务模式。

在科技产业金融领域，金融供给主要是商业性金融。商业银行在其中有更 大的机会。在行业引入阶段，商业银行应关注科技型中小企业和创新型中小企 业，这些企业是成为专精特新和"小巨人"的后备企业，对有IPO潜力的企业可 以提供早期股权投资。在行业成长阶段，对于实现商业可行性的行业，商业银 行应在拐点出现时及早加大信用贷款的投放，把握未来产能扩大—技术迭代— 市场增加—产增再扩大的向上趋势。在行业成熟阶段，商业银行应建立行业整体资产配置观，规避行业过剩风险向金融系统风险的传导，梳理优质企业画像及其核心竞争力，选择与能够穿越周期、持续稳健发展的企业建立长期合作关系。

（二）政策建议

为了完善创新链的资金链匹配，促进创新链和资金链环环相扣、螺旋上升，在此提出若干政策建议。

1.科学研究阶段：持续加大财政支持，完善产学研合作研究机制。加大财政对科学研究的投入，聚焦重点项目，特别是"卡脖子"领域的原理性研究。对于有基础研究和应用研究需求的科技大型企业，推广产学研合作研究机制，将对企业的研发补助更改为国际上更加通用的"竞争前"资助。

2.概念验证阶段：设立国家层面概念验证机制，促进存量技术的验证。在依托高校和科研院所建立概念验证机构的基础上，建议进一步建立国家层面的概念验证机制。国家层面的概念验证机制可以按国防军工、航空航天、健康医药等部门分别建立机构，这些机构有原始创新的需求，也有资助概念验证的资金。虽然概念验证的结果无法把控，但是可以通过国家层面的概念机制确保过程最优，找到全国层面最有商业化价值的课题和最有潜力成功的企业，进行慷慨的资助。通过概念验证创造新市场，能够将新市场培育到早期风险投资愿意接力进入的程度。

3.产品熟化阶段：推广创新采购等制度安排，完善种子基金等政策性金融。建议以国家层面各部门主导合作创新采购，确保这些"预商品"的需求在全国层面的新颖性，并且确保企业研发成功后的采购能力，从而以政府购买力促进企业创新和产业早期发展。同时，完善国家层面种子基金，实现对承担合作创新采购的初创企业的接力支持，以扶持的初创企业数量、创造的新产品和新服务销售、全口径经济影响为总体目标，降低商业性的投资考核要求。在现有金融监管框架下，鼓励商业银行探索与科技企业风险、收益相匹配的间接融资模式，以"信用贷+认股权"等创新性的服务模式，通过分享初创企业的成长来弥补贷款的损失，推动信贷资本也能够充分发挥"投早、投小、投科创"的作用。

4.行业引入阶段：提升政府引导基金对新兴产业的投入力度，提高政策性金融的颗粒度，进而带动商业银行提高对科技初创企业的支持。 对于有潜力形成新工业部门的行业，在行业尚未实现盈利的阶段，鼓励政府引导基金进入，发挥先行示范效应，促进新产业对旧产业的替代。同时，持续完善政策性的风险分担、融资担保等制度，区分科技初创企业和普惠小微企业、引入期行业的企业和成熟期行业的企业，为科技型初创企业和引入阶段的企业制定专属的风险补偿政策，以此激励商业银行针对这些特定企业群体的业务拓展。

5.行业成长阶段：发挥好现有商业性金融体系的潜力，规范政府引导基金的投向。 鼓励商业银行加大对优质单个"小巨人"企业、专精特新企业的信贷额度和期限，降低企业融资的复杂程度，避免多头共贷的潜在风险。建议由第三方机构定期发布行业趋势和市场供需展望，从而减少政府引导基金的非理性招商行为，避免为了发展地方经济造成低水平的重复建设。

6.行业成熟阶段：持续优化资本，通过"驿道赛马"的方式畅通退出渠道。 上市退出是主要的退出渠道，打通退出渠道能够吸引更多股权资本参与创新。建议完善多层次资本市场，建立有序进退的动态体系，激励上市公司进行收购与兼并，发挥资本市场在科技创新方面的引领作用。

第二章
科技金融的海外经验借鉴

·······━

过往一段时间，以美国为代表的部分发达经济体通过相对完备的科技创新体系和金融支持系统有效地支持了科技创新。从国外经验来看，科技创新制度设计既需要在市场有效领域对创新主体进行激励，又需要在市场失效环节对缺失要素进行补足。目前，"创新产生"阶段市场失灵，"创新扩散"阶段市场有效。美国在"创新产生"阶段构建了全球最成熟的创新制度和科技金融模式，相比之下，日、德更多在"创新扩散"阶段有其独特的制度设计。

第一节 美国科技成果转化制度

推动科技创新需要政府的"有形之手"。硅谷固然离不开技术、人才、资本，但《硅谷百年史：创业时代》一书中却认为，硅谷的成就应该归功于政府，硅谷的高科技发展史是政府整体干预的完美案例。[①] 为推动科技创新，需要探究成功政策的设计机制。

美国通过《拜杜法案》和《史蒂文森—怀德勒法案》这两部技术转移法案，激活了科技成果的潜力。这两部法案及后续修正案对美国科技创新产生了深远影响。《拜杜法案》厘清了政府作为"研究出资方"时的发明所有权归属，打通了"发明的产业化"；《史蒂文森—怀德勒法案》厘清了政府作为"研究承担方"时的发明所有权归属，实现了"产业化的发明"。由于从发明中筛选能够实现产业化成果的效率低于面向产业化的发明，从这个意义上讲，《史蒂文森—怀德勒法案》相比《拜杜法案》更加值得关注。

一、技术转移政策

（一）历史背景

20世纪70年代，美国面临科技成果难以产业化的困境。 美国政府资助的科研项目产生了大量的科研成果，但是没有产生相应的商业化效果。1980年，联邦机构拥有28000项专利，但是只有不到5%的专利对企业进行了授

---

① 阿伦·拉奥，皮埃罗·斯加鲁菲.硅谷百年史：创业时代[M].闫景立，谈锋，译.北京：人民邮电出版社，2016：4-7.

权（企业获得专利授权的目的是商业化开发），而联邦机构放弃的专利中，有25%~30%对企业进行了授权。究其原因，是当时政策规定为了保证财政资金的公共性，政府资助项目的科研成果的所有权由联邦拥有，联邦仅能进行非排他性许可（non-exclusive license），造成了企业没有进行科研成果转化的动力，技术成果止步于早期概念验证。①之所以造成这一后果，原因在于：即使一家企业获得了技术许可、投入资源开发新产品、新市场，由于非排他性的要求，其他企业同样可以得到该技术许可，制造和销售同样的产品，导致先获得授权的企业反而为他人做嫁衣。这也就是经济学中的"外部性导致的市场失灵"，导致技术的需求方不愿意进行技术转移。同时，由于法律没有规定联邦机构有进行技术转移的义务，这使得技术的供给方也没有意愿主动进行技术转移。

比过低的专利授权率还要严重的问题是，当时存在大量沉睡的、没有申请专利的发明。这些发明没有申请专利，当然也就没有办法通过专利授权来进行技术转移。之所以很多发明没有申请专利，原因在于美国昂贵的专利费用。根据美国专利商标局的规定，申请发明专利需要支付申请费、检索费、审查费等官费以及首次授权费，专利获批后还需要定期支付维护费。对于大实体企业（Large Entity）来说，如果只考虑基本情况，首次申请费用总共3020美元，第3.5年、第7.5年和第11.5年缴纳的维护费用分别是2000美元、3760美元和7700美元（我国发明专利的申请费为900元、登记费为200元、第1~3年每年的年费为900元）。同时，专利申请的服务费也比较昂贵，律师撰写专利和进行申请的服务费约8000美元。因此，由于高昂的专利费用，如果没有项目考核要求，只有能够确定有商业化价值的发明，才会申请专利。由于大量发明无法确定商业化价值，发明人往往选择不申请专利，进而导致大量发明被束之高阁。

---

① 吴飞鸣.美国科技成果转移转化的评价及估值机制简析[J].全球科技经济瞭望,2016,31(12):45-49.

表2-1 美国发明专利的申请费用

专利费用收费方	发明专利费用种类	费用（美元）
美国专利及商标局	申请费	320
	检索费	700
	审查费	800
	专利授权费	1200
	第3.5年的维护费	2000
	第7.5年的维护费	3760
	第11.5年的维护费	7700
律师事务所	专利撰写服务费	≈4000
	专利申请服务费	≈4000

资料来源：uspto.gov，pctpatent.cn，兴业研究。

斯坦福大学在技术转移领域的探索，为技术转移带来了可行方案。 1968年，时任斯坦福大学资助项目办公室副主任尼尔斯·赖默斯发现，学校有很多发明（非联邦机构资助产生的发明）具有潜在商业价值，但是没有申请专利，如果学校将这些发明申请专利，并授权给企业使用，可以为学校创造可观的收入。这一想法经过1979年一年的试点，取得了成功。1970年1月1日，斯坦福大学决定成立技术许可办公室（Office of Technology Licensing，OTL），负责将斯坦福大学的科研成果（非政府资助产生的）与硅谷企业进行对接，将大学科研成果出售给企业。虽然OTL成立的本意是通过技术运营创造收入，但其客观上促进了专利申请和技术转移。

斯坦福模式成功的关键是通过明确技术的商业化价值，为技术市场提供有效供给。 斯坦福技术转移流程包括10个步骤，分别是发明披露、分配经理人、商业化评估、专利申请、市场营销、谈判、过程监督、分配版税、分配股权和修正授权。在10个步骤中，商业化评估是其中的关键，其他例如申请专利、谈判、过程监督等步骤，是技术转移工作的自然推进。商业化评估过程如下：发明人先对发明进行登记和披露，项目经理人根据发明的描述，与发明人进行交流、讨论，评估该项发明的商业化潜力。商业化评估内容包括：发明的专利性；潜在产品或服务的可保护性和市场性；与可能有影响的知识产权的关系；相关市场的规模和增长潜力；进一步开发所需的时间和资金；预先存在的权利（也称为"背景权利"）；来自其他产品/技术的潜在竞争。由于商业化主要取决于是否有公司有意购买，因此市场营销也是商业化评估的重要部分。市场营销是指项目经理人基于发明披露的简要信息，询问企业是否感兴趣。技术许可办公室通过三种方式与产业界保持联系：一是向该市场领域的行业联系人发送描述该技术的非机密摘要，二是在Techfinder网站上发布可用的技术，三是与公司进行一对一沟通。项目经理人角色类似于风险投资行业中的风险投资财务顾问（Financial Advisor，FA），通过在发明者和买家之间进行沟通和谈判，撮合实现技术的产业化。商业化评估从众多发明中筛选出有商业化潜力的发明，类似于从矿山中找到金矿，起到价值发现的作用，通过为技术市场提供"有效供给"，弥补了技术转移中的供需断点。

发明披露　分配经理人　商业化评估　专利申请　市场营销　谈判　过程监督　分配版税　分配股权　修正授权

图2-1　斯坦福大学技术转移流程

资料来源：otl.stanford.edu，兴业研究。

表2-2　斯坦福大学技术许可办公室的商业化评估内容

项　目	商业化评估内容
1	发明的专利性
2	潜在产品或服务的可保护性和市场性
3	与可能有影响的知识产权的关系
4	相关市场的规模和增长潜力
5	进一步开发所需的时间和资金
6	预先存在的权利（也称为"背景权利"）
7	来自其他产品/技术的潜在竞争

资料来源：*Inventor's Guide 2017*，兴业研究。

（二）政策出台

面对技术转移存在潜力和经济形势面临压力的双重背景，美国在1980年通过了《拜杜法案》和《史蒂文森—怀德勒技术创新法》（以下简称《史蒂文森—怀德勒法案》）这两部法案。与广为人知的《拜杜法案》相比，提早一个多月颁布的《史蒂文森—怀德勒法案》虽默默无闻，却同样不可或缺。《拜杜法案》厘清了美国大学的技术转移问题，而《史蒂文森—怀德勒法案》厘清了美国联邦实验室的技术转移问题，并且规定技术转移是联邦实验室的法定义务。这两部法案的推出，标志着技术转移上升为国家层面政策。

表2-3　美国促进技术转移的政策

颁布时间	政策名称
1980年	《史蒂文森—怀德勒技术创新法》（*Stevenson–Wydler Technology Innovation Act of 1980*，PL 96-480）
1980年	《拜杜法案》（*Bayh-Dole Act or Patent and Trademark Law Amendments Act of 1980*，PL 96-517）
1984年	《国家合作研究法》（*National Cooperative Research Act of 1984*，PL 98-462）
1984年	《商标澄清法》（*Trademark Clarification Act of 1984*，PL 98-620）
1986年	《联邦技术转让法》（*Federal Technology Transfer Act of 1986*，PL 99-502）
1987年	《12591号总统行政令》（*Executive Order 12591, Facilitating Access to Science and Technology*）
1988年	《综合贸易与竞争法案》（*Omnibus Trade and Competitiveness Act of 1988*，PL 100-418）
1988年	《国家信息技术法案》（*National Technical Information Act of 1988*，PL 100-519）
1989年	《国家竞争力技术转让法》（*National Competitiveness Technology Transfer Act of 1989*，PL 101-189）
1991年	《美国技术卓越法》（*American Technology Preeminence Act of 1991*，PL 102-245）
1992年	《加强小企业研究与发展法》（*Small Business Research and Development Enhancement Act of 1992*，PL 102-564）
1995年	《国家技术转让和促进法案》（*The National Technology Transfer and Advancement Act of 1995*，PL 104-113）
2000年	《技术转让商业化法》（*Technology Transfer Commercialization Act of 2000*，PL 106-404）

资料来源：美国国会，兴业研究。

为了弥补这两部法案初始设立时的考虑不周和操作性问题，美国后续持续推出了一系列修正法案。比如，1984年《商标澄清法》修正了1980年《拜杜法案》；又比如，1986年《联邦技术转让法》、1989年《国家竞争力技术转移法》、1995年《国家技术转让和促进法案》陆续修正了1980年《史蒂文森—怀德勒法案》。这两部法案及其后续的修正案共同构筑了美国科技成果转移转化的政策底座。

（三）社会效益、经济效益

技术转移法案的推出对美国的经济和科技产生了重要作用。北美大学技术经理人协会（Association of University Technology Transfer Managers，AUTM）的数据显示，从1996年到2020年，受技术转移法案的推动，美国总共披露了49.5万项发明，批准了12.6万项专利，贡献了1.9万亿美元的工业增加值，1万亿美元的GDP，创造了650万个工作岗位，推动了1万7千多家初创公司的成立及200多款药物和疫苗的发明。《经济学人》杂志给予其高度评价，认为"《拜杜法案》及其后续的修订案，解锁了美国纳税人资助的发明，更重要的是，扭转了美国工业的滑坡"[①]。

初创企业的成立数量也能体现出技术转移的效果。在2008年经济危机发生前，美国每年成立的初创企业均超过60万家，在经济危机之后，每年成立的企业数量均未超过60万家。但是，具有大学专利授权的初创公司的数量始终保持增长，这些初创公司就是为了专门开发大学许可的专利而成立的公司。根据美国大学向AUTM报告的数据，2021年有1009家初创企业被报告为专门是为开发大学许可的技术而设立的。根据AUTM搜集的数据，2021年的新增授权为8769项，授予对象涵盖1480家初创企业、5344家小企业和1945家大企业（初创企业和小企业的数据有重叠）。

---

① Innovation's golden goose[J]. The Economist. 2002, 14:3.

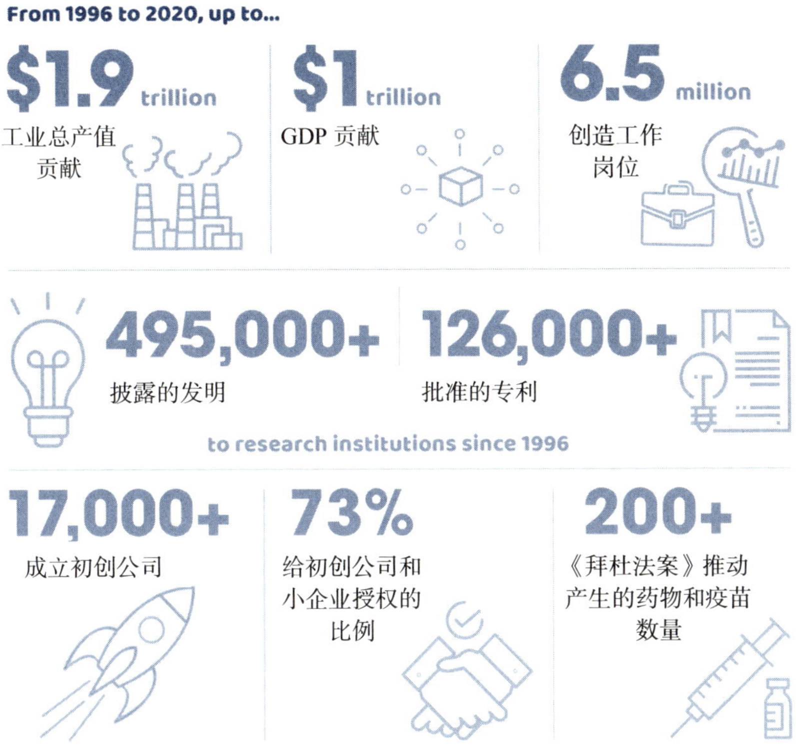

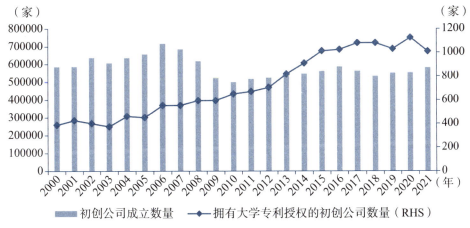

From 1996 to 2020, up to...
$1.9 trillion
工业总产值贡献
$1 trillion
GDP 贡献
6.5 million
创造工作岗位
495,000+
披露的发明
126,000+
批准的专利
to research institutions since 1996
17,000+
成立初创公司
73%
给初创公司和小企业授权的比例
200+
《拜杜法案》推动产生的药物和疫苗数量

图2-2　美国1996年到2020年的技术转移产出

资料来源：北美技术转移经理人协会，兴业研究。

（家）
800000
700000
600000
500000
400000
300000
200000
100000
0
（家）
1200
1000
800
600
400
200
0
2000
2001
2002
2003
2004
2005
2006
2007
2008
2009
2010
2011
2012
2013
2014
2015
2016
2017
2018
2019
2020
2021
（年）
初创公司成立数量
拥有大学专利授权的初创公司数量（RHS）

图2-3　初创公司成立数量与拥有大学专利授权的初创公司数量

资料来源：美国人口调查局，北美技术转移经理人协会，兴业研究。

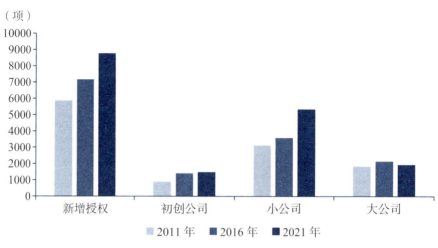

（项）

图 2-4　拥有大学专利授权的公司类型和数量

资料来源：北美技术转移经理人协会，兴业研究。

因此，鉴于技术转移法案的成功，有必要对这些法案的制度设计进行研究，以便更好地理解它们如何促进技术从实验室到市场的转化。

二、《拜杜法案》

《拜杜法案》于1980年12月12日颁布，是美国最为知名的技术转移法案。该法案的正式名称是 *Patent and Trademark Law Amendments Act of 1980*，PL96-517，由参议员博区·拜（Birch Bayh）和罗伯特·杜尔（Robert Dole）共同发起，取二人姓氏，简称为《拜杜法案》（Bayh-Dole Act）。1980年《拜杜法案》经由1984年《商标澄清法》（*Trademark Clarification Act of 1984*，PL98-620）修正，最终成为美国法典第35编（《美国专利法》）第18章的第200条到212条共13个条文。

表 2-4　《拜杜法案》的13个法条

法条序号	法条名称
200	政策目标
201	术语界定

续表

法条序号	法条名称
202	权利归属
203	介入权
204	美国产业优先
205	保密
206	标准条款和统一规定
207	联邦拥有发明的国内外保护
208	联邦许可管理法规
209	许可联邦拥有的发明
210	本篇的优先适用
211	与反垄断法的关系
212	教育资助发明的权利归属

资料来源：美国康奈尔大学法律学院法律信息研究所，兴业研究。

　　《拜杜法案》的核心是第202条权利归属，明确了政府资助研究项目发明的所有权归属。第202条（a）款规定了项目承担者具有保留发明所有权的权利：作为资助协议的项目承担者，非营利组织或者小企业在合理期限内报告发明后，可以选择保留项目发明的所有权。其中，资助协议（funding agreement）指联邦机构与承担试验、研发、研究任务的项目承担者之间的合同、赠与和合作协议；项目承担者（contractor）指的是在资助协议中的承担项目任务的非营利组织或小企业；非营利组织（nonprofit organization）指大学或相关法条规定的其他高等教育机构；小企业（small business firm）指《美国法典》第15篇632条和美国小企业管理局规定的小企业；项目发明（subject invention）指在履行资助协议过程中，项目承担者构思或首次使用的任何发明。第202条（c）款规定了项目承担者具有申请专利、进行产业化的义务：项目承担者在知晓发明的合理期限内，需要向联邦机构进行披露（disclose）；项目承担者在向联邦机构报告的两年内（或允许的延长期内），通过书面形式选择是否保留项目的发明权（retain title to a subject invention）；项目承担者选择保留发明权后，需要在规定的期限内提交专利申请（file a patent application），如果项目承担者在期限内没有进行专利申请，联邦政府可以收回该项目发明的所有权；联邦部门有权要求项目承担者或者专利的授权者报告项目发明的使用情况（即产业化情况）。

《拜杜法案》的第203条介入权条款（March in right），规定在四种情况下项目发明的项目承担者必须向申请人进行非排他性、部门排他性或独家许可（即给别人使用），否则政府可以自行进行此类许可。这四种情况分别是：项目承担者或受让人没有采取或不会在预计的时间内采取有效措施来实现本发明在该使用领域的实际应用；承包商、受让人或其许可证持有人未能合理满足公众的健康或安全需求；承包商、受让人或其许可证持有人未能合理满足联邦法规规定的公共使用要求；违反第204条美国产业优先的情况。第一种情况是为了避免专利被埋没，或者大企业利用资金市场地位收购雪藏竞争性专利技术，阻碍创新。

1984年《商标澄清法案》对1980年《拜杜法案》进行了修订，增强了法案的可操作性。《商标澄清法案》将《拜杜法案》的适用范围扩展到了更多类型的组织，并明确了哪些组织可以保留发明的所有权。例如，将能源部下属的国有民营实验室（GOCO）纳入其覆盖范围，允许实验室运营者享有发明所有权、转化权和收益权。《拜杜法案》最早只适用于非营利机构和小企业，扩充后也适用于大型企业。

在《拜杜法案》出台前，联邦资助项目产生的技术发明（invention）归联邦所有，联邦只能非排他性许可（non-exclusive license）给任意企业使用。在《拜杜法案》出台后，联邦资助项目产生的技术发明归项目承担方所有，而项目承担方可以排他性许可（exclusive license）给特定企业使用。

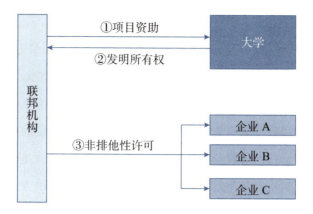

图2-5 《拜杜法案》出台前的技术转移模式

资料来源：兴业研究。

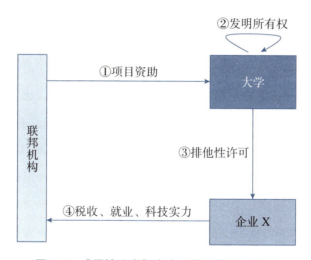

图2-6 《拜杜法案》出台后的技术转移模式

资料来源：兴业研究。

　　需要指出的是，《拜杜法案》在推出前后均有不同声音。在《拜杜法案》推出前，有观点认为，"由公共资助的创新应该确保公共受益，不应该变成纯私人的垄断"。《拜杜法案》推出后，也有观点认为，"《拜杜法案》导致大学从原来公众信赖的团体发展成为类似风险投资的公司，使得科学团队变成了囤积数据和猜疑好讼的混战团体"①。

总体来看，《拜杜法案》是以让渡联邦机构作为科研出资方时权利的方式，使得市场机制能够发挥作用。在《拜杜法案》出台之前，技术发明是"谁出资，谁拥有"；而出台之后，技术发明是"谁发明，谁拥有"。《拜杜法案》所规定的是联邦资助项目发明的所有权归属。通常情况下，联邦资助项目是以合同形式进行，项目发明的所有权归属由合同双方进行约定，也就是由联邦机构与项目承担方进行合同谈判来确定。项目承担方可以通过游说的方式，从联邦机构争取到项目发明的所有权。《拜杜法案》统一规定项目发明的所有权由项目承担者拥有，无须双方再进行谈判。按照肖尤丹的观点，《拜杜法案》的出台，使得联邦资助项目的发明权归属，从"约定优先"转向"法定优先"。②

三、《史蒂文森—怀德勒法案》

《史蒂文森—怀德勒法案》于1980年10月21日颁布，比《拜杜法案》还要早一个多月，是美国第一部主要的技术转移法案。《史蒂文森—怀德勒法案》的正式名称是 Stevenson-Wydler Technology Innovation Act of 1980，PL 96-480，该法案有以下几项主要内容：技术转移是联邦实验室的法定功能和义务；要求所有的联邦实验室均需要设立研究与技术应用办公室（Office of Research and Technology Applications，ORTA），专门负责技术转移；为技术转移提供预算，联邦实验室预算的0.5%用于技术转移；在商务部设立联邦技术应用中心（Center for the Utilization of Federal Technology），负责信息对接；提出了企业与联邦实验室的合作研发协议（Cooperative Research and Development Agreements，

①　宿晓慧,孙琳琳,卞曙光,蒋志君,于笑潇,杨斌.《拜杜法案》立法背景及动因演进研究与启示[J].世界科技研究与发展,2023,45(06):693-702.
②　肖尤丹.科技成果转化逻辑下被误解的《拜杜法》——概念、事实与法律机制的厘清[J].中国科学院院刊,2019,34(08).

CRADA）这一机制。在CRADA机制下，企业可以与联邦实验室签订合作研发协议，由联邦实验室提供科研人员和设备仪器，企业提供资金支持，共同进行研究开发，研发成果可以转让或许可给私营企业进行商业开发。该法案改变了联邦实验室的定位，使其从单纯的科学研究转向了技术转移，并且技术转移逐渐成为其最主要的任务。

表2-5 《史蒂文森—怀德勒法案》的主要内容

目 标	主要内容
技术转移义务	联邦实验室有向州政府、地方政府和私营部门转让联邦政府拥有的发明和技术的义务。
技术转移机构	联邦实验室应该成立研究与技术应用办公室，专门负责促进技术转移。商务部设立联邦技术应用中心（ORAT），负责产业转移的信息对接。
技术转移预算	联邦实验室要把其研究开发预算按一定比例用于技术转让。
合作研发协议	创设了联邦实验室与私人企业、机构之间的合作研发协议机制（CRADA），允许合作方共享资源和知识。

资料来源：govinfo.gov，兴业研究。

为了更好阐述CRADA机制的演化历程，首先需要明确联邦实验室（Federal Laboratory）这个概念。联邦实验室是一个广义的称呼，它包括了由美国联邦政府拥有、租赁或使用的各类实验室，无论其运营者是联邦政府自身还是合同商。与联邦实验室相近的概念是国家实验室（National Laboratory），国家实验室有时与联邦实验室的概念相同，有时也特指美国能源部直接管理和资助的17个大型研究设施，例如阿贡国家实验室（Argonne National Laboratory）、劳伦斯伯克利国家实验室（Lawrence Berkeley National Laboratory）、橡树岭国家实验室（Oak Ridge National Laboratory）等。

美国联邦实验室主要包括国有民营实验室（GOCO）和国有国营实验室（GOGO）两种类型。按照所有者和运营者两个维度，美国的科研机构可分为国有国营、国有民营、民有民营和民有国营四类。其中，国有国营实验室（Government-Owned and Government-Operated，GOGO）为政府拥有、政府运营的实验室，场地、设备和人员均属于联邦政府；国有民营实验室（Government-

Owned and Contractor-Operated，GOCO）为政府拥有、承包商运营的实验室，场地、设备属于政府，人员属于承包商；民有国营实验室（Contractor-Owned and Government-Operated，COGO）为承包商拥有、政府运营的实验室，场地、设备为私营部门拥有，租借给政府使用，其运营管理方式与国有国营实验室相同，通常将其视为国有国营实验室。民有民营实验室（Contractor-Owned and Contractor-Operated，COCO）也称为私营实验室，场地、设备、人员都属于承包商，并且由承包商运营。综上，美国科研机构可以分为联邦实验室和私营实验室两类；具体到联邦实验室，如果将COGO视为GOGO，则主要分为国有民营实验室（GOCO）和国有国营实验室（GOGO）这两类。

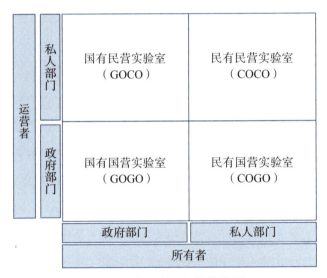

图2-7　美国科研机构的类型

资料来源：知远战略与防务研究所，兴业研究。

在CRADA机制设置之初，没有明确联邦实验室（GOGO和GOCO）和企业合作研发成果的所有权归属问题，导致企业参与度不高。对于国有国营实验室（GOGO）参与的CRADA协议，没有明确其科研成果所有权是归属于联邦还是参与合作研发的企业；对于国有民营实验室（GOCO），没有明确其是否适用于CRADA协议。由于联邦实验室的场地、设备、人员的一项或者多项为公共财产，因此需要通过政策来厘清"国有资产流失"以及"科研人员考核"的问题。

1986年的《**联邦技术转让法**》对CRADA机制进行了完善。将CRADA机制的覆盖面从国有国营实验室（GOGO）扩展到了国有民营实验室（GOCO），明确了CRADA协议的知识产权归属问题，允许联邦实验室（包括GOGO实验室和GOCO实验室）通过所有权转移或独占许可的形式，授权合作方（企业）对成果进行产业化开发。这些修正提高了私营企业参与联邦实验室研发活动的积极性，促进了科研成果的商业化和产业化。同时，1986年《联邦技术转让法》授权成立联邦技术转让实验室联盟（Federal Laboratory Consortium for Technology Transfer，FLC）和国家标准局（National Bureau of Standards，NBS）。FLC定位为官方授权从事联邦实验室技术转移工作的准政府性组织，要求所有的联邦实验室均需要加入。NBS后面改组为美国国家标准与技术研究院（National Institute of Standards and Technology，NIST），承担技术转移的管理和报告工作。

1989年的《**国家竞争力技术转移法**》在1986年《联邦技术转让法》的基础上，进一步明确了国有民营实验室（GOCO）在技术转移方面的角色，允许它们在更广泛的范围内参与CRADA。

1995年的《**国家技术转让和促进法案**》进一步扩展了CRADA机制。参与CRADA的企业不仅可以获得CRADA项目发明的独占许可权，还可以获得发明的所有权。

2000年的《**技术转让商业化法**》进一步规定只要是实验室所有的、与CRADA研究范畴相关的专利，都可以转让或授权给私营企业。同时，要求联邦实验室向商务部提交技术转移绩效的定期报告，以评估技术转移活动的效果。

CRADA机制的灵活性和实用性不断增加激励了企业与联邦实验室之间的合作和科研成果的商业化。企业更有意愿参与早期阶段、高风险的合作研发。同时需要指出，CRADA仅仅是联邦机构和工业界合作方法的一种，联邦机构也在创新其他的合作方式。*Return on Investment Initiative for Unleashing American Innovation*[①]中提到，这些合作方式包括合作中介协议（Partnership Intermediary Agreements，PIA）、技术商业化协议（Agreement for Commercializing Technology，ACT）和其他交易协议（Other Transaction Authority，OTA）。需要说明的是，这些合作机制也是美国对产业"合规"补贴的手段之一。

图2-8 联邦部门签署的CRADA协议数量

资料来源：*Knowledge Transfer, and Innovation*[②]；兴业研究。

《史蒂文森—怀德勒法案》通过让渡联邦机构作为科研承担方的权利，消除了企业与联邦实验室进行合作研究的障碍。通过CRADA机制，企业能够与联邦实验室进行合作研发，企业提供资金和想法，科研机构提供人员和设备，企业能够获得合作研究的发明所有权或独家授权。美国国家标准与技术研究院（National Institute of Standards and Technology，NIST）在 *Federal Laboratory*

① National Institute of Standards and Technology. Return on Investment Initiative for Unleashing American Innovation[R]. Gaithersburg: NIST, 2019.

② National Science Board, Invention. Knowledge Transfer, and Innovation[R]. Gaithersburg: NIST, 2024.

*Technology Transfer Report FY2020*中写道，"合作研究对于技术转移至关重要，是联邦科研机构的最为重要的使命，联邦科研机构和非联邦组织之间的合作研究通过汇集数千名高素质的研究人员和世界级的研究设施，大大提高新思想、新工具、新技术、新流程、新产品以及新业务产生"[①]。从政策评估的角度看，合作研究不仅促进了技术转移，而且确保了这一过程中的财政资金效率。相比资助单个企业，联邦实验室能够作为公共的、重复使用的科研平台，为整个产业界提供科研设施和资源，避免了重复投资。相比联邦实验室先独立研究再进行产业转化，合作研究在设立之初就以产业化为目标，从根本上解决科研和产业"两张皮"的问题。

四、两个法案的关系

《拜杜法案》和《史蒂文森—怀德勒法案》合理安排了联邦机构和联邦实验室在技术转移中的权利和义务，使得市场能够更好地发挥效率。在权利安排方面，联邦无论作为研究出资方还是承担方，其权利均受到限制。联邦机构作为研究出资方，大学作为研究承担方时，依照《拜杜法案》，发明所有权统一归大学所有，大学有权进行排他性的技术转移。企业作为研究出资方，联邦实验室作为研究承担方时，依照《史蒂文森—怀德勒法案》，发明所有权可以归企业所有（当发明权归联邦实验室所有时，企业可以通过独占授权），企业可以直接进行后续的产业化开发。在义务安排方面，虽然没有规定大学具有技术转移的义务，但是规定了联邦实验室具有技术转移的义务，这也使得联邦实验室成为了美国应用研究、目标导向研究的主力军。

[①]　National Institute of Standards and Technology. Federal Laboratory Technology Transfer Report FY2020[R]. Gaithersburg: NIST, 2022.

表2-6 《拜杜法案》和《史蒂文森—怀德勒法案》的对比

	《拜杜法案》	《史蒂文森—怀德勒法案》
研究出资方	联邦机构	企业
研究承担方	大学（公立、私立）	联邦实验室（GOGO、GOCO）
合作方式	合同	CRADA协议
发明所有权归属	大学 （联邦机构受限）	企业/联邦实验室 （联邦实验室受限）
技术转移义务	—	联邦实验室承担
企业得到技术的方式	独占授权	所有权/独占授权

资料来源：兴业研究。

《拜杜法案》已经被中、德、法、日、印等16个国家借鉴，但《史蒂文森—怀德勒法案》更加值得关注。如果说《拜杜法案》是"秘籍"的"上半部"，那么《史蒂文森—怀德勒法案》就是"秘籍"的"下半部"，上半部"秘籍"实现了发明的产业化，下半部"秘籍"实现了产业化的发明。由于并非所有发明都有产业化的潜力，从发明中筛选产业化的效率远低于直接按照产业化的需求进行定向发明，这也是《史蒂文森—怀德勒法案》需要额外关注的原因所在。

第二节 美国国家种子基金制度

美国国家种子基金是聚焦"概念验证"和"产品熟化"阶段的资金供给机制，有效填补了从理论研究到产业萌芽之间的资金缺口。其运作模式为：联邦机构提出新产品需求，通过全国竞争筛选小企业，提供不考核资金回报、不要求股权和知识产权的财政支持，研发成功后通过政府进行采购。美国国家种子基金定位于0到1的原创突破，而不是1到10的迭代更新，仅承担"技术探针"的作用，而不是介入规模扩张。因此，国家种子基金往往是科技企业的首笔外部资金来源，完成新技术去风险之后，风险资本才会接力注入。这一机制既撬

动了社会资本，又促进了"科学研究"向"行业引入"的转化。"科学研究"有
科研经费资助，"行业引入"有商业性金融支持，而国家种子基金恰是衔接二者
的关键纽带，也是需要强化的薄弱环节。

一、美国国家种子基金概览

（一）时代背景

**美国尽管在1953年通过了《小企业法》，并设立了小企业管理局（Small
Business Administration，SBA），但是并没有真正意识到小企业的重要性。**在
20世纪70年代之前，对小企业的认识可以归纳为"淘汰论"。英国经济学家马
歇尔认为，大企业的规模效应胜过小企业，会把小的竞争者排挤出去。熊彼特
认为，技术创新是有不确定性的，具备垄断地位的企业才能承受相关风险和不
确定性。1973年到1975年爆发的第一次石油危机，引发了二战后最严重的一次
经济危机，西方发达国家陷入了滞胀。福特政府（1973—1976年）试图通过紧
缩的货币政策和财政政策对付通胀，但是无法解决持续攀升的失业率。卡特政
府（1977—1980年）在就任初期表示要集中力量降低失业率，但是无法应对迅
速恶化的通胀。在这个时候，小企业的重要性被意外地发现了。

**在20世纪70年代中后期，美国对小企业的认识从"淘汰论"升级为"存
在论"，从"小的是无足轻重的"转变为"小的是美好的"。**其中，两份研究报
告起到了关键作用：一份是美国自然科学基金关于创新的报告，提到每一美元
的研发支出，小企业比大企业有更大的产出；另外一份是MIT关于就业的报告，
提到1969年到1976年，雇员在500人以下的小企业提供了86%的新增就业机会。
这两篇报告引起了政界对小企业的关注，美国国会和总统纷纷将公共政策的目
标转移到了小企业。随后的一系列研究也验证了小企业对促进技术创新、增加
GDP、创造就业机会、增加出口收入方面的重要作用。

1974年，美国在小企业管理局内建立了倡议办公室（Office of Advocacy），**标志着美国对小企业的进一步重视**。倡议办公室由首席法律顾问（Chief Legal Counsel）领导，是小企业管理局内的独立办公室，负责向国会、白宫、联邦机构、联邦法院以及州和地方决策者提出"小企业的观点和关切"。为了确保倡议办公室的独立性，美国于1976年出台了新法案，规定首席法律顾问由参议院建议和通过，并由总统任命。倡议办公室的权限包括：尽早干预联邦机构有关小企业的提案，并负责《监管灵活性法案》（*The Regulatory Flexibility Act*）的合规指导，《监管灵活性法案》的出发点是联邦监管机构在监管活动中要特别考虑"监管规则"对小企业的影响，避免"监管规则"对小企业造成不适当的、不成比例的负担；向政策制定者通报联邦监管政策对小企业的负担影响，统计小企业对经济的作用；加强联邦政府和小企业之间的双向联系。倡议办公室的权限随着时间逐渐扩张，例如在1980年《监管灵活性法案》通过后，倡议办公室就负责监督和报告各部门对该法案执行的情况。

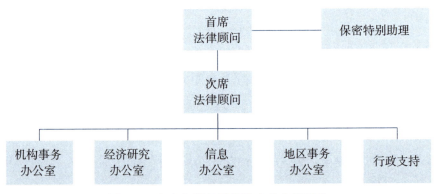

图2-9　小企业管理局倡议办公室的架构

资料来源：*SBA Office of Advocacy Overview*，*History*，*and Current Issues*[1]，兴业研究。

1980年1月，全国小企业会议首次由美国总统主持召开。小企业主们提出了

---

[1]　Congressional Research Service. SBA Office of Advocacy Overview, History, and Current Issues[R]. Washington, D.C.: CRS, 2015.

15项需要优先解决的目标。这些目标分为两类：一类是资本积累，建议为小企业投资提供赋税奖励；另一类是政策公平，对影响小企业的政策进行审查，确保小企业有公平的竞争环境。随后，美国国会通过了《小企业投资促进法》《小企业经济政策法》《小企业出口扩大法》《监管灵活性法案》《技术创新法》（《史蒂文森—怀德勒法案》）、《大学和小企业专利法》（《拜杜法案》）等多项法案。这些政策基于对小企业重要性的认识，旨在促进小企业的发展并改变旧有的经济结构。

（二）政策起源

尽管小企业整体重要，但是个体弱势，发展初期往往面临金融缺口，因此美国进行了一系列政策性金融安排。1982年和1992年，小企业创新研究计划（Small Business Innovation Research，SBIR）和小企业技术转让计划（Small Business Technology Transfer，STTR）分别出台，这两个计划是不需要退出的、国家层面的天使基金，政府资助小企业的研发活动，并用购买力为新技术和新产品提供早期市场，从而促进技术转化。

SBIR正式成立于1982年，目标是鼓励中小企业进行科技创新。美国认为小企业在研究和开发方面是成本效益最高的，并且最有能力将研发成果转化成商业化成果，但是往往受限于资本不足。同时，大量科研经费被大学、大企业垄断，很少被小企业获得。为了解决这一问题，美国国家自然科学基金会（National Science Foundation，NSF）发起了SBIR的前身，旨在通过政府资金支持小企业的研发活动。1982年，美国国会通过了《小企业创新发展法》（*the Small Business Innovation Development Act of 1982*，PL 97-219），正式创立了SBIR。SBIR有四个目标，分别是：促进创新；使小企业满足联邦的研发需求；鼓励少数和弱势群体参与技术创新；鼓励私人部门将联邦政府资助的创新进行商业化。美国11个联邦机构参与SBIR，分别是国防部（DOD）、卫生部（HHS）、能源部（DOE）、国家科学基金会（NSF）、国家航空航天局（NASA）、教育部（ED）、农业部（USDA）、商务部（DOC）、国土安全部（DHS）、运输部（DOT）和环境保护局（EPA）。

STTR建立于1992年，目标是通过中小企业和非营利性研究机构的合作，加速科技成果转化。1992年，美国国会制定了《加强小企业研究与发展法》（*Small Business Research and Development Enhancement Act of 1992*，PL 102-564），确立了STTR。与SBIR规定仅限小企业申请不同，STTR规定必须由小企业和非营利研究机构共同申请，并且已经建立知识产权协议明确分配原则，其目的是通过小企业公司的创业精神，促进研究机构的科技成果从实验室向市场的转化。参与STTR的政府部门有5个，即国防部（DOD）、卫生部（HHS）、能源部（DOE）、国家航空航天局（NASA）和国家科学基金会（NSF）。

SBIR和STTR自建立以来已有多次重新授权。最新的法案是2022年的《SBIR和STTR延期法案》（PL 117-183），SBIR和STTR的授权延长至2025年。

（三）扶持力度

SBIR和STTR有充足的资金来源，资助了众多的项目。SBIR要求委外研发预算（指分配给企业、大学等非联邦内部机构的研发预算）超过1亿美元的联邦机构，必须将一定比例用于SBIR，这一比例从1982年的0.2%增加到1988年的1.25%、1992年的2.5%，直至2017年的3.2%。STTR要求委外研发预算在10亿美元或以上的政府机构预留一定比例的资金用于STTR。根据SBIR.org网站披露的最新数据，2019年SBIR总计资助了6081个项目，资助总金额达32.92亿美元，STTR总计资助了908个项目，资助总金额达4.29亿美元（2020年的数据尚未审计，2021年和2022年的数据尚不完整）。根据美国国会研究服务局（Congressional Research Service，CRS）2022年10月发布的*Small Business Research Programs：SBIR and STTR*，截至2019年，SBIR和STTR总共资助项目178731个，资助总金额546亿美元[①]。

---

① Congressional Research Service. Small Business Research Programs: SBIR and STTR[R]. Washington, D.C.: CRS, 2022.

（亿美元）

图2-10 2000—2019年的SBIR和STTR资助金额

资料来源：SBIR官网，兴业研究。

分部门来看，国防部和卫生部是SBIR和STTR最大的资助者。两个部门合计占2019年SBIR资助金额的79%和STTR资助金额的83%。能源部、国家航空航天局和国家科学基金会三个部门占2019年SBIR资助金额的19%和STTR资助金额的17%。其余部门的资助占SBIR的2%。

（亿美元）

图2-11 2019年SBIR各参与部门的资助金额

资料来源：*Small Business Research Programs：SBIR and STTR*，兴业研究。

图2-12　2019年STTR各参与部门的资助金额

资料来源：*Small Business Research Programs*：*SBIR and STTR*，兴业研究。

（四）产生效果

从实证角度看，SBIR和STTR实现了整体经济、政府部门、企业部门的**多方共赢**。以国防部为例，*National Economic impacts from the DOD SBIR/STTR Program 1995-2018*中提到，1995—2012年国防部在SBIR和STTR第二阶段总计投入了144亿美元，带来1210亿美元的新产品和服务销售，产生了3470亿美元的经济效应（包含直接效应、间接效应和诱发效应），投资回报率达到了22倍，资助的小企业在全美提供了150.8万个就业岗位。[①]单对国防部来说，实现了以相对较低的经费投入，获得了大量的新技术、新装备和后勤保障服务，部分科技成果还转化应用到民用市场，获得了经济效益。单对小企业来说，创造了巨大的潜在商业利益，获得了数量可观的专利，市场竞争实力显著增强，例如产生了美国Symantec公司、iRobot公司等知名企业。单对大企业来说，通过积极采购小企业创新成果，减少了技术开发风险，缩短了装备研制周期，也获得了高额回报，雷神公司、波音公司、洛马公司等知名大型军火承包商都非常关注

---

① Defense Office of Prepublication and Security Review. National Economic impacts from the DOD SBIR/STTR Program 1995-2018[R]. Washington, D.C.: DOPSR, 2019.

国防部的SBIR，并大量收购了计划的创新成果。再以NASA的火星漫游车这个具体项目为例，SBIR和STTR资助的技术广泛用在了火星漫游车的各个部件上。NASA以较低的成本，就得到了需要的创新技术，小企业通过研发资助，也为后续开发民用产品奠定基础。

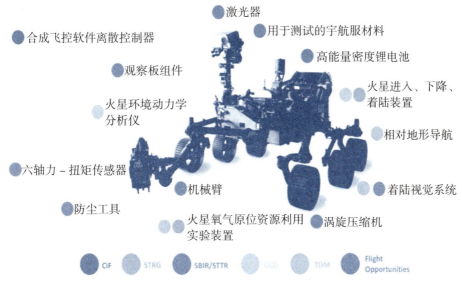

图2-13　NASA火星漫游车采用了诸多SBIR和STTR的成果

资料来源：*Small Business Innovation Research/Small Business Technology Transfer*（*SBIR/STTR*）*Program Update*[①]，兴业研究。

从理论角度看，SBIR和STTR解决了小企业的"创新不确定"和"信息不对称"问题。从解决"创新不确定"的角度看，SBIR和STTR为致力于推动技术创新的小企业提供金融资本，分担早期技术的不确定风险，实现了"技术去风险化"，并且通过政府采购，使新技术被市场广泛接受，起到了早期市场购买者的作用。从解决"信息不对称"问题的角度看，SBIR和STTR补贴了信息提供的成本，将隐形信息显性化，缩短了技术和资本之间的信息距离，使资本能

---

① National Aeronautics and Space Administration. Small Business Innovation Research/Small Business Technology Transfer（SBIR/STTR）Program Update[R]. Washington, D.C.: NASA, 2023.

够放心在新技术领域进行投入，起到了"技术探针"的作用。

二、制度安排

SBIR 和 STTR 的显著效果，离不开其科学的制度安排。

（一）小企业准入和申报

SBIR 和 STTR 聚焦于小企业。 SBIR 要求申请主体必须是美国境内的小企业，企业总人数（含分支机构）小于 500 人，由美国公民或永久居民所有或控股，项目负责人必须由该企业雇佣。STTR 要求必须由小企业和非营利性研究机构共同申请，二者之间需有正式的知识产权分配协议，其中对小企业的要求与 SBIR 相同。

SBIR 和 STTR 由统一平台负责项目的发布和申请。 SBIR.gov 是 SBIR 和 STTR 所有信息的门户网站和数据库，是联邦机构/企业用户访问项目信息的平台，由小企业管理局负责管理。联邦机构通过 SBIR.gov 发布项目征求书，项目的广度和深度因联邦机构的需求而有所区别，但是必须描述得足够全面和细致，以便于小企业响应。小企业通过 SBIR.gov 上传的项目申请书、申请资料和项目进度在网上完全公开，以供客户或投资方筛选。美国国家科学院曾于 2013 年举办了一次研讨会，研究与 SBIR 和 STTR 相关的挑战，其中提到了"小企业在申请和选拔方面存在障碍"。为了更加方便小企业申请，小企业管理局加强了培训和指导。此外，SBIR.gov 也会列示涉及欺诈、违规的个人和小企业。

（二）分阶段资助模式

SBIR 和 STTR 将一个项目分为概念验证、原型研发和商业化三个阶段进行资助。

第一阶段 概念验证 资助15万美元 　时间为半年到1年	第二阶段 原型研发 资助100万美元 　时间为两年	第三阶段 商业化 帮助获得外部资金 帮助获得采购合同

图2-14　SBIR和STTR的三个资助阶段

资料来源：*Small Business Research Programs*：*SBIR and STTR*，兴业研究。

第一阶段是概念验证（Concept Development），资助企业进行可行性验证。 参与项目的联邦部门发布项目征集书，描述与该部门职责相关的、有待解决的问题和挑战，并向小企业征集解决方案。项目征集书对项目需求必须描述充分，以帮助小企业进行回应。参与部门收到企业的提案后，对提案的技术优点、可行性和商业化潜力进行评估。由于项目的专业性，项目评审主要由发布该项目的联邦机构承担，例如卫生部发布生物医学的招标项目的同时也负责项目评审，评审人员包括具有生物医学商业化经验的同行评审员，评审标准采用相对评比法。技术评估根据项目不同而有所不同，商业化评估有固定框架的商业计划书。通过评估、获得资助的小企业需要在期限内完成包括基础研究、技术构想和商业预期在内的相关工作。SBIR第一阶段的资助金额不超过15万美元，执行期限为6个月，参与部门可以根据特定条件减少50%或者增加50%的资助。STTR第一阶段的资助金额与SBIR相同，但是期限可以延长到12个月。

表2-7　SBIR和STTR的商业计划书框架

项　　目	内　　容
公司信息	重点目标、核心竞争力、专长领域； 公司有可观销售额的产品； 历史上获得的联邦或非联邦资助以及产生的商业化效果。
客户和竞争	关键技术目标的准确描述； 和竞争对手相比的优势； 客户接受该创新的障碍。

续表

项　目	内　容
市场	里程碑、目标数据、市场规模预测、第1到第5年的市场份额预测；实现该市场份额的规划。
知识产权	专利状况、技术领先、商业秘密，实现商业化过程中的知识产权保护计划，至少是保持暂时竞争优势的计划。
融资	进入第三阶段的融资规划。
援助和指导	为确保实现技术和商业目标，是否有导师、合作方，是否有国家援助计划、小企业发展中心、联邦资助的研究实验室、制造业推广合作中心或者其他援助方的支持。

资料来源：美国小企业管理局，兴业研究。

第二阶段是原型研发（Prototype Development），资助企业完成从概念到产品原型的开发工作。只有通过第一阶段，小企业才可以竞争第二阶段。为了避免小企业缺少商业化的行动，小企业需要提交详细的商业计划书，论证企业实现商业化的能力，包括以往商业化的成功经验、该项目获得的配套资金等。为了保证商业化的效果，匹配资金必须和资助的资金相当。第二阶段的评估是基于第一阶段表现和第二阶段提案，且严禁以邀请、预筛选的形式来进行选拔。由于第二阶段资助的企业在第一阶段的基础上进行筛选，资助力度可以更为大额和聚焦。SBIR 和 STTR 第二阶段的奖励一般不超过 100 万美元，执行期限为 2年。参与部门可以减少 50% 或者增加 50% 的资助，也就是授予额度在 50 万美元到 150 万美元之间。同时，参与部门可以以续作第二阶段项目的方式，使得资助最高达到 300 万美元。

第三阶段是商业化（Commercialization），帮助小企业获取政府采购、寻找外部融资。在这一阶段，政府不直接提供资金，而是帮助小企业获得私人投资、资本市场的融资或者 SBIR/STTR 以外的政府资助，并通过帮助小企业签订采购合同等方式来支持小企业进行商业化。小企业可以在多渠道资金的支持下，将研究成果进行商业化以后，卖给联邦政府部门。

SBIR 和 STTR 在目标上略有不同，但是在项目评审上基本相同。第一阶段和第二阶段的评估需要符合《军事采购法》《联邦财产和行政服务法》《合同竞争法》的要求，也就是需要多家企业进行竞争（competitive basis）。第一阶段的评审主要关注项目的技术层面和商业化潜力。第二阶段评审的首要任务是对第一阶段的执行成果进行评估，并在此基础上对项目技术水平和商业可行性进行论证。是否获得第二阶段的资助，很大程度上取决于第一阶段的完成效果。第三阶段不需要进行竞争（non-competitive basis），联邦部门可以自行认定企业进入第三阶段。

表2-8 SBIR和STTR对比

项　目	SBIR	STTR
是否允许联合申报	小企业可单独申报，也允许联合申报	必须联合非营利的研究机构
牵头人要求	牵头人50%的工作量必须在申报的小企业	牵头人可以受雇于小企业，也可以受雇于研究机构
工作量安排	第一阶段小企业至少负责67%；第二阶段小企业至少负责50%	小企业至少负责40%；研究机构至少负责30%
项目规模	3.2%的委外研发预算	0.45%的委外研发预算
参与机构	11个联邦部门（委外研发预算大于1亿美元的部门）	5个联邦部门（委外研发预算大于10亿美元的部门）

资料来源：美国小企业管理局，兴业研究。

表2-9 SBIR第二阶段的评估内容

项目	评估标准
a	第二阶段资助能在多大程度上帮助企业进行商业化？
b	商业化是否有可行的技术路径？
c	企业是否提升了该技术为社会创造价值的可能性？
d	企业是否有令人满意的进展证明其有理由获得资助？
e	第三方投资者提供的资金是否符合期望？
f	第三方投资者提供的资金能否产生商业和社会效益？

资料来源：*Small Business Innovation Research*（*SBIR*）*and Small Business Technology Transfer*（*STTR*）*Program Policy Directive*[1]，兴业研究。

---

[1] Small Business Administration. Small Business Innovation Research (SBIR) and Small Business Technology Transfer (STTR) Program Policy Directive[R]. Washington, D.C.: SBA, 2023.

三、成功法门

SBIR 和 STTR 在制度安排上的成功，可以进一步归纳为"选得好""给得准""督得严"三个方面。

（一）选得好——精选供需

SBIR 和 STTR 的成功，首先在于其项目和企业选得好，也就是能够精准地创造需求和筛选供给。

在创造需求方面，SBIR 和 STTR 对应真实的潜在需求。各部门基于各自管理领域、发展战略来设定项目课题，一般以实现公共目的、推进国家目标、解决公共问题为目标。这意味着项目在开始时就以开发新产品/新服务为目的，面向实际的应用需求，而不是先自由探索再寻找应用场景的基础研究。研发成功后直接就有联邦部门提供的市场，联邦部门也能够以低成本获得定向开发的产品、服务。

在筛选供给方面，SBIR 和 STTR 限定小企业参加，并且通过"赛马"进行选拔。首先，严格区分小企业和大企业。美国仅将企业分为大企业和小企业，并对不同行业的小企业有细致、明确、可操作性强的界定标准。美国采用北美行业分类体系（The North American Industry Classification System，NAICS）（最新版本为2022版），将行业分为20个门类、96个大类、308个中类、689个小类、1012个美国细类五个层级。第五级1012个行业细类中，每一个行业细类都有唯一一个标准界定小企业。我国2021年发布的《中小企业划型标准规定（征求意见稿）》，仅分为9个类别界定中、小、微企业，并且较少采用单一标准界定，其中6类行业采用人员数量和营业收入两个判断标准，2类行业采用营业收入和资产总额作为判断标准，1类行业采用营业收入作为判断标准。其次，对每个阶段的企业都进行严格评比，选拔表现符合预期的小企业进入下一阶段。2019年的数据显示，SBIR和STTR第一阶段申请通过的比率分别是19%和23%，第二阶段申请通过的比率分别是59%和71%。

表2-10　美国对小企业的划型——以"Computer"为关键词的示例

行业代码	行业名称	营收标准（百万美元）	雇员标准
334111	电脑制造	—	1250
334112	电脑存储设备制造	—	1250
334118	电脑终端和其他外设制造	—	1000
423430	电脑、外设和软件批发	—	250
541511	计算机编程服务	30	—
541512	计算机系统设计服务	30	—
541513	计算机设备管理服务	32.5	—
541519	其他计算机相关服务	30	—
611420	电脑培训	14	—

资料来源：*Table of Small Business Size Standards Matched to North American Industry Classification System Codes*[1]，兴业研究。

表2-11　中国对中小微企业的划型——以"信息、软件行业"为例

行业类别	基本要求	细　　则
信息传输、软件和信息技术服务业	从业人员<500且营业收入<10亿元	中型企业：100≤从业人员<500且1亿元≤营业收入<10亿元 小型企业：10≤从业人员<100且0.1亿元≤营业收入<1亿元 微型企业：从业人员<10且营业收入<0.1亿元

资料来源：《中小企业划型标准规定（修订征求意见稿）》，兴业研究。

---

①　Small Business Administration. Table of Small Business Size Standards Matched to North American Industry Classification System Codes[S]. Washington, D.C.: SBA, 2022.

图2-15　SBIR和STTR的各阶段通过率

资料来源：SBIR官网，兴业研究。

（二）给得准——见兔撒鹰

SBIR和STTR采用分阶段资助的方式，充分考虑了"创新具有不确定性"这一规律，将钱精准地给到降低不确定性的企业。第一阶段是"广泛撒网"，通过小额、面广的资金支持，帮助企业在短时间内进行概念验证，降低技术不确定性。第二阶段是"重点培养"，通过大额、集中资金，帮助通过概念验证的企业进行原型开发，降低商业化的不确定性。第三阶段不提供项目资金，而是匹配外部资金，并且帮助企业获取订单，由于第三阶段的企业市场风险逐步降低，各种风险投资会寻求机会主动介入，企业获得外部融资的机会也大大增加。例如对于国防部资助的、进入第三阶段的项目，如果是武器产品，国防部将直接采购；如果是技术、专利或软件，可以解决现有武器系统的问题，军火商将会主动购买。

分阶段的资助模式，能够既不多也不少地分担小企业进行创新的不确定风险，确保了资金效率和创新效率。如果事前一次性资助，由于创新失败的概率较大，可能使大额资金打水漂，造成资金效率较低。如果事后进行奖补，技术和商业化的不确定性会削弱小企业的创新意愿，导致创新效率较低。对于分阶段的资助模式，可以用一个假想模型进行说明。假设创新的成功率是1%（假设创新分为两个阶段——第一阶段到第二阶段、第二阶段到第三阶段，且成功率均是10%），第一阶段资金需要100万元，第二阶段资金需要900万元。如果整体目标是产生100项创新，考虑到1%的成功率，项目初期需要纳入一万个备选项目。采用分阶段资助的方式总共需要190亿（1万×100万+1000×900万）元。而采用事前一次性资助的方式，则需要1000亿（1万×1000万）元，资金效率低。而采用事后奖补的方式，则较难凑够1万家有意愿参加的企业，创新效率低。

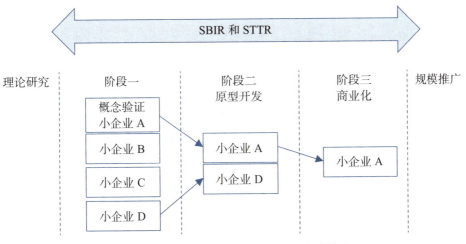

图2-16 SBIR和STTR的分阶段资助模式

资料来源：SBIR官网，兴业研究。

分阶段资助的模式与美国风险投资的模式有异曲同工之处。风险投资人经常在初创企业没有可供分析的现金流之前就予以支持，如果没有取得阶段成果，风险投资人就不再支持该企业，如果看到预示成功的指标，风险投资人将会继续下注。为了推动初创企业达到计划中的里程碑，风险投资人分批向创业者发放资金，每一轮注资都是阶段性评估后的决定。

（三）督得严——两头都管

小企业管理局（SBA）是SBIR和STTR的统一归口管理部门。 尽管SBA与参与计划的联邦政府部门是平级部门，但是由于《小企业法》的第9（j）和9（p）节授权小企业管理局管理SBIR和STTR，因此各参与部门必须遵守SBA出台的政策指令。

小企业管理局对参与企业有严格的管理。 SBIR和STTR对企业信息披露进行了规定，要求企业按照格式将公司信息、项目信息、批准信息、商业化信息以及年度报告上传至数据库。换句话说，企业必须进行信息披露，才能获得项目支持。信息披露是一种"甄别机制"，能够甄别出不敢站到"聚光灯"前的企业；同时也是一个"展示舞台"，供投资机构选择优质项目。在企业申请下一个阶段资助之前，需要接受绩效评估和参与竞争，各联邦部门根据学科特点设定审查要求。如果小企业多次申请SBIR和STTR项目，需要确保之前的项目能够满足第一阶段到第二阶段的成功率指标和必须实现的最低商业化指标，才能再次获得资助。

小企业管理局对参与部门也有严格的管理。 根据《2011年SBIR和STTR再授权法》，为了使技术创新以商业化为导向，各参与部门也需要自行制定商业化率基准，如果部门资助的第一阶段/第二阶段的项目达到一定数量，并且进入下一阶段的比例低于商业化率基准，则会失去提供后续资助的资格。各参与部门还需要提供同一格式的年报，除包含预算比例、项目情况等信息外，还需要包含项目的绩效指标和评价标准，以及为美国经济社会发展所带来的效益，供小企业管理局管理和监督各部门的执行情况，并向美国国会参议院小企业委员会、众议院小企业委员会和科学、空间与技术委员会报告。为了避免各参与部门浪费/欺诈/滥用资金，各部门制定监督政策时应该咨询监察办公室（Office of Inspector General，OIG），并且在项目审计时需要监察办公室参与。

四、我国类似政策

2024年4月24日，财政部制定了《政府采购合作创新采购方式管理暂行办法》（以下简称《办法》），提出合作创新采购这一新的方式，旨在发挥财政资金对全社会应用技术研发和应用科技创新的辐射效应。

《办法》面向应用技术创新。合作创新采购对创新产品有明确的定义，侧重于应用技术创新，不是现有产品的改进，也不是单纯的基础研究。《办法》提到，创新产品应当具有实质性的技术创新，包含新的技术原理、技术思想或者技术方法，对现有产品的改型以及对既有技术成果的验证、测试和使用等没有实质性技术创新的，不属于其规定的创新产品范围。并且结合"应用科技创新"这一描述，《办法》所支持的应该不包含基础研究。

《办法》设计了两阶段模式，与SBIR和STTR的三阶段模式有异曲同工之处。合作创新采购方式分为订购、首购两个阶段。订购是指采购人提出研发目标，与供应商合作研发创新产品并共担研发风险的活动。首购是指采购人对于研发成功的创新产品，按照研发合同约定采购一定数量或者一定金额相应产品的活动。在实施订购和首购之前，还需要先进行需求管理。

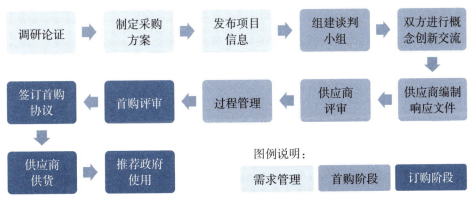

图2-17　合作创新采购的需求管理、订购阶段和首购阶段

资料来源：《政府采购合作创新采购方式管理暂行办法》，兴业研究。

与SBIR和STTR仅限定小企业申请不同，《办法》没有限定申请者的范围。《办法》提到发挥财政资金对全社会的辐射需求，支持范围包括国有企业、民营企业、外商投资企业、高等院校、科研机构等。尽管《办法》提到"将采购项目中的一定比例分包给中小企业"，但是没有明确最低比例。考虑到资金对不同规模企业的效用各不相同，对大中企业是"锦上添花"，对于小微企业则是"雪中送炭"，同时初创企业大多属于小微规模，因此建议合作创新采购能够加强对小微企业的侧重。

第三节　美国科技金融模式

在概念验证和产品熟化阶段，美国依托国家种子基金制度提供支持，在行业引入、行业成长阶段，则配套丰富的商业性金融资源。相较于以银行间接融资为主的欧洲、日本，美国拥有更发达的资本市场和股权融资市场。在混业经营的美国银行业中，不仅形成了以银行为主导的市场化融资模式，还通过小企业管理局构建了政府支持的银行贷款机制。同时，除风险投资、创业投资等高风险资本外，公募资管产品也可通过创业投资基金参与科技企业未上市股权融资。本节将结合美国金融机构开展科技金融业务的实际，从银行、政府、资管三个维度进行解析。

一、银行服务科技金融：硅谷银行模式

虽然硅谷银行（Silicon Valley Bank）于当地时间2023年3月10日被加州金融保护与创新部门关闭，并于2023年3月27日被第一公民银行收购。但是从其经营实际来看，其倒闭及被收购的命运并非源自科技金融业务，而是来自其偏

离原有科创金融服务业务，过度开展了其并不擅长的金融市场投资业务，出现了资产负债表的错配，最终导致了金融市场亏损和挤兑造成的流动性危机使其走向破产。若从其传统的科创金融业务来看，事实上其投贷联动模式有效地保证了硅谷银行科创金融业务的资产质量。考虑到硅谷银行是美国最为知名的专事科技金融业务的银行，因此，本部分将以硅谷银行作为样本，深度考察其开展科技金融业务的方式。

（一）硅谷银行科技金融的主要服务客群

硅谷银行金融集团（SVB Financial Group，以下简称SVB集团）是一家银行控股公司（Bank Holding Company），1999年在硅谷银行基础上组建而成。SVB集团是美国一家服务于新兴成长型企业的银行集团，专注于科技、生命科学等高成长性行业，为相应行业的企业、相应投资机构及这些企业或投资机构的高管等高净值个人提供综合化的金融服务。

在组织架构方面，在硅谷银行2023年3月10日出险之前，SVB集团按照客户群体以及融资方式将业务主要分成四个部分，包括硅谷银行（Silicon Valley Bank）、硅谷私人银行（Silicon Private）、硅谷资本（Silicon Capital）以及硅谷证券（Silicon Securities）。其中，**硅谷银行**实际上指的是硅谷银行面向企业和商业客户端的机构金融服务条线；**硅谷私人银行**则指的是硅谷银行的私人银行（Private Banking）和财富管理（Wealth Management）部门，主要面向各类高净值客户，以上两个部分实际均在同一持牌法人银行——硅谷银行旗下，而硅谷银行为SVB集团的核心机构。**硅谷资本**指的是SVB集团下的创投基金等各类私募基金管理人，为独立的法人实体，由SVB集团控股；**硅谷证券**则是SVB集团下的独立法人投资银行（Investment Bank）机构，为SVB集团全资子公司。

在主要客群方面，SVB集团主要服务于高成长性企业、PE/VC等创投基金，以及此类企业或基金的高管等高净值客户，SVB集团的客户具体包括以下几类。

第一，科技和生命科学/医疗健康等科技创新型行业中的企业。 主要包括技术和硬件（如半导体、通信、数据等）、企业和消费者软件/互联网（如基础设施软件、应用程序等）、生物制药、健康科技、医疗保健等行业及领域。对于此类客户，硅谷银行协同其他子公司，提供覆盖企业初创期、成长期以及成熟期全生命周期的金融服务。其中，硅谷银行向此类客户提供的服务大体分为三类：

一是初创企业条线（SVB Startup Banking），为企业成长周期处于"早期"（Emerging）阶段的客户提供服务。硅谷银行一般将年销售收入500万美元以下、主要从事研发工作、只向市场提供少量产品或服务的初创企业归为该条线的服务对象。该类企业的融资主要来源于家人和朋友资金、"种子"资金或"天使"投资者资助，或者仅经历了一轮风险投资。硅谷银行协同SVB集团的其他部门一般向该类企业提供创业贷款、"投贷结合"等金融产品，此外还可为其介绍其他投资者、提供创业辅导等。

二是早期企业条线（SVB Early Stage），为企业成长周期处于"中期"（Mid-stage）和"后期"（Later-stage）客户提供服务。硅谷银行一般将年销售收入在500万美元至7500万美元之间、在市场上拥有更成熟的产品或服务，并且处于扩张期的企业归为该条线的服务对象。该类企业主要依赖风险投资为其提供的资金，部分客户可能已经IPO或即将IPO。硅谷银行协同SVB集团的其他部门向该类客户提供的主要服务涵盖流动资金贷款、夹层融资、中期担保融资等，同时还为客户定制投资方案、提供资产管理等。

三是公司业务条线（SVB Corporate Banking），主要服务于成熟的大型企业。硅谷银行一般将年销售收入超过7500万美元、在市场上能够提供多元化产品及服务的成熟大型企业列为该条线的服务对象。该类企业能够较为成熟地依赖各类资本市场和各种商业银行获得多样化的融资，为了满足这类企业的金融服务需求，硅谷银行协同SVB集团的其他部门积极向这些企业提供定制化的金融服务方案。

第二，私募基金（Private Equity）、风险投资（Venture Capital）及创投基

金客户。此类客户中有很大的比例是SVB集团服务的高成长性企业的投资者。为其所提供的金融服务不仅包括直接向其提供贷款，还包括为其提供存款、资金管理以及多币种金融解决方案等综合化金融服务，以满足其因跨境资本流动产生的各类金融需求。

除此之外，硅谷银行还服务于高端酿酒客户和私人银行客户，其中私人银行客户主要来自硅谷银行所服务的科技企业高管、技术人才以及相关PE/VC专业人士，考虑到相关客群与硅谷银行开展科技金融业务的模式关联性较弱，所以不对此进行赘述。

（二）硅谷银行开展科技金融的主要模式

由于硅谷银行除银行本体之外，还同时拥有可以股权投资科技企业的子公司，因此硅谷银行可以通过多种方式向科技企业提供资金支持，具体来看，硅谷银行采用以下几种模式来开展科技金融业务、支持科技企业。

第一，银行通过股权直接投资于科技企业，其主要通过集团子公司硅谷资本对初创企业进行股权投资。对于非常看好的初创企业，硅谷银行将使用表内自有资金通过硅谷资本对其进行股权投资。硅谷资本主要采用两种模式对科技企业股权进行股权投资：**一是直接参与，**即银行或其子公司直投参股目标企业，但是参股比例一般低于其他PE/VC的比例；**二是间接参与，**即以母基金（Fund of Funds，FOF）的形式，经由投资其他PE/VC对目标企业进行投资。

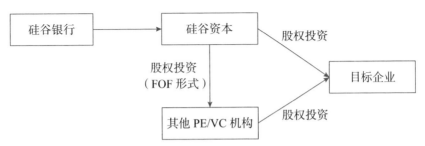

图2-18　硅谷银行股权投资于科技企业的主要途径

资料来源：硅谷银行金融集团定期报告，兴业研究。

第二，**银行信贷支持科技企业，其主要通过为高成长企业发放风险贷款的方式，为初创期科技企业提供债权融资**。硅谷银行在科技企业接受首轮或第二轮风险投资时，可以协同PE/VC跟进目标企业，并在企业需要资金时发放风险贷款进行投贷联动。一般而言，硅谷银行向初创期科技企业所提供的风险贷款额度为该企业最近一轮股权融资金额的25%~35%，具体贷款的类型和规模与企业业务规模、筹集的股权融资规模及质量、进行贷款的目的等因素相关。

应当指出的是，硅谷银行向初创期科技企业所投放风险贷款的还款来源主要依赖于该企业后期所募集获得的风险投资等资金，即企业融资性现金流，而**非企业经营性现金流**。因此，硅谷银行在投放风险贷款时关注的并不仅仅是初创期科技企业的历史现金流或未来日常经营活动所产生的现金流，反而更为关注企业未来筹集股权融资的能力。具体来看，SVB集团根据应收账款的类别将贷款分为投资者依赖型贷款（Investor Dependent Loans）、用于并购的现金流依赖型贷款（Cash Flow Dependent Loans）以及创新型工商业贷款（Innovation C&I Loans）。**投资者依赖型贷款**主要面向初创期、成长期企业，此类企业一般尚未盈利或盈利能力较弱，贷款的偿还主要依靠后续企业的股权融资、被收购或IPO所产生的融资性现金流。**用于并购的现金流依赖型贷款**主要用于PE/VC发起的并购业务，其资金的偿还主要依靠企业经营性现金流，金额相对较大。**创新型工商业贷款**一般投向成长期企业和成熟企业，其资金的偿还主要取决于借款人的现金流或资产负债表。对于依赖借款人现金流的贷款，一般要求借款人维持足以偿还所有债务的现金流；对于依赖借款人资产负债表的贷款，一般要求借款人流动资产（包括现金及现金等价物、应收账款及存货）能够覆盖贷款本息。

此外，**不同于传统贷款，硅谷银行在发放风险贷款的同时，往往还会获得企业的认股权**。硅谷银行所获得的认股权将支持银行在企业公开上市或被并购时行使该权利获利，这不仅使得风险贷款具有银行贷款和期权投资的双重属性。

风险贷款附带认股权的目的主要在于抵补银行在对科技初创企业贷款过程中所面临的信用风险损失，当企业上市成功或持有的股权价值增加时，持有的认股权能够为银行带来额外收益。

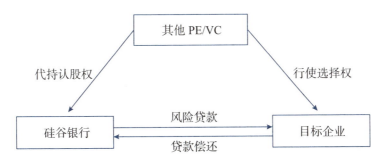

图2-19　硅谷银行向企业直接提供风险贷款

资料来源：硅谷银行金融集团定期报告，兴业研究。

　　第三，银行间接投资于科技企业，其主要通过为PE/VC提供"资本催缴信贷额度"。 PE和VC等面向初创期科技企业的创投性质基金是硅谷银行开展综合金融服务的主要客群。与此同时，这些PE/VC客户中有很大比例是硅谷银行服务的高成长性企业股权投资者。为了做好科技金融相关服务，硅谷银行与各类PE/VC建立了紧密的合作关系，为PE/VC各类金融服务，包括贷款、存款、资金管理以及多币种金融解决方案等综合化的金融服务。**硅谷银行为PE/VC提供的信贷资金主要为"资本催缴信贷额度"**（Capital Call Lines of Credit）。虽然在PE/VC成立之后，各类普通合伙人（General Partner，GP）和有限合伙人（Limited Partner，LP）能够承诺为其提供大量资金供其投资，但在PE/VC的实际运作过程中，GP和LP往往会分阶段向PE/VC提供投资。因此，在实践中，PE/VC可能会面临遇到较好的投资机会但因所募资金尚未完全到位而无法投资的问题。为了提前应对这种可能情况，美国的PE/VC往往会将GP和LP未来转入资金的承诺作为担保，向银行申请授信，以便在急需资金时能够随时获取流动资金，避免短期资金短缺，该类授信及信贷即被称为"资本催缴信贷额度"。

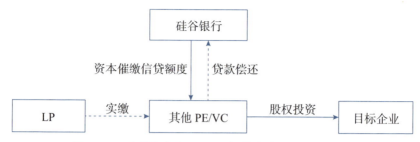

图2-20　硅谷银行向PE/VC提供资本催缴信贷额度

资料来源：硅谷银行金融集团定期报告，兴业研究。

由于科技企业的高风险，硅谷银行探索了一套较为成熟的风险管理特别是信用风险管理方法。在实践中，硅谷银行及硅谷银行金融集团主要通过以下几种方式来控制风险。

一是不同业务条线之间实现严格的资金隔离。硅谷银行金融集团将硅谷银行的商业银行业务与硅谷资本的股权投资业务进行了严格的资金隔离。开展股权投资业务的资金一般来自资本市场募集、基金募集等，相应地，硅谷银行也不得挪用股权投资基金所募集的资产。

二是参照知名PE/VC机构的"作业"发放信贷资金。一般而言，硅谷银行金融集团只向接受过风险投资基金股权投资的企业提供贷款。这相当于，在硅谷银行对科技企业提供贷款之前，各类PE/VC已经对相关企业进行了甄别和筛选，从而可以在一定程度上帮助硅谷银行降低融资过程中的信息不对称性。此外，部分PE/VC还会参与到企业的经营中，硅谷银行金融集团还可以经由提供综合金融服务的PE/VC，间接地了解到信贷资金的使用情况，有利于降低潜在的道德风险。

三是开发知识产权质押贷款产品，重点关注企业的现金流情况，适时回收贷款。为解决高成长性企业（特别是处于发展早期或中期的企业）盈利能力有限且缺乏固定资产抵质押品的问题，硅谷银行主要从两方面入手：首先，积极开发专利技术等知识产权质押的贷款产品；**其次，更加注重企业的现金流，从而在运用企业经营性现金流制定企业贷款额度的基础上，将企业股权性融资等**

融资性现金流预测作为贷款发放规模的依据。同时要求其给予授信或贷款的企业，以及投资于该企业的风险投资基金在硅谷银行开户，从而便于硅谷银行监测企业现金流状况。甚至，硅谷银行还要求部分企业的账户中，需要留存一定数量的资金以防范风险。

四是与被投企业签订第一受偿顺序条款。在与企业签订贷款合同时，硅谷银行一般会明确要求位于债权人清偿的第一顺位。这样，即使企业破产清算，也能够最大程度地降低硅谷银行的损失。

从硅谷银行的经营实际来看，即使在硅谷银行倒闭之时，其投贷联动的服务模式仍有效地保障了其贷款质量较优。截至2022年末，不良贷款率仅为0.18%。不良贷款主要包括非应计状态的贷款、逾期90天或以上的应计利息贷款以及其他止赎资产。

从不同类型的贷款来看，2022年末，SVB集团对PE/VC发放的贷款、用于收购的现金流依赖型贷款不良贷款率较低，基本接近0；相较而言，投资者依赖型贷款不良贷款率较高，为1.07%。2019年末至2022年末，SVB集团减少对信贷质量较差贷款的投放，投资者依赖型贷款占贷款总额比重下降4.22个百分点。对PE/VC发放的贷款、私人银行贷款占比提升幅度较大。

二、政府支持科技金融：小企业管理局

依托于政府担保，美国银行业还可以通过参与联邦小企业管理局的贷款计划和小企业投资公司计划等方式支持科技企业发展。1958年，美国议会通过《小企业投资法案》，要求政府成立联邦小企业管理局（SBA），并授权其负责小企业投资公司（SBIC）的管理。SBA的主要职责是支持小企业发展，向中小企业提供咨询协助以及资金帮助，同时还具有保护小企业、维护企业在公平环境中竞争，从而提升国家的整体经济水平，以及协助受灾后的小微企业复苏等功能。

在贷款计划方面，银行等金融机构可向SBA申请政府担保贷款的贷款人资

格，进而向小企业提供政府担保贷款融资，SBA在此过程中运用政府信用对银行投放的贷款提供担保。具体地，银行可以与SBA合作向小企业提供三种类型的贷款，即7（a）贷款计划、CDC/504贷款计划以及小额贷款计划。

7（a）贷款计划是SBA在协助中小企业获取资金过程中，最基本、最常用、规模最大的贷款计划。在7（a）贷款投放过程中，涉及出资的银行、SBA以及具有融资需求的小企业三方。**银行需要满足以下标准：**具有持续评估、处理、适时终止、支付、服务和清算小企业贷款的能力；向公众发放贷款的资质；具有持续良好的声誉；由州或联邦监管机构监督和审查、SBA审查通过等。对于贷款规模、贷款期限、贷款用途、贷款担保等要素，SBA也做出严格规定。具体地，7（a）贷款计划的单笔贷款规模最高不超过500万美元。资金用途主要包括运营资金、投资固定资产、对设备进行更新、偿还部分债务等。其中，运营资金贷款的期限一般不超过10年，固定资产投资贷款的期限一般不超过25年。在银行为小企业进行贷款的过程中，SBA将为资金提供部分担保，因此贷款风险实际由银行和SBA共同承担。从担保额上来看，目前单笔15万美元或以下的贷款可获得85%的最高担保，超过15万美元的贷款可获得75%的最高担保，即SBA对单笔贷款的最大担保额不超过375万美元。

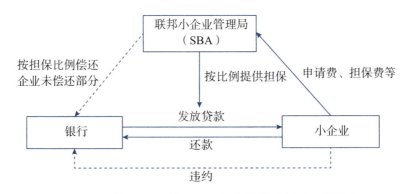

图2-21　联邦小企业管理局7（a）贷款计划的运营模式

资料来源：SBA，兴业研究。

数据显示，近年来在各类金融机构中，银行是参与7（a）贷款计划的主力军，2024年SBA批准银行发放的7（a）贷款总额为235.70亿美元，占全部金融机构发放7（a）贷款总规模的90%。从小企业申请的7（a）贷款批准数量来看，截至8月20日，2024年贷款规模在5万美元以下、5万美元至15万美元的贷款获批数量相对较多，两者占批准7（a）贷款总数量的比重超过50%。

CDC/504贷款计划是为小企业开发或购买土地、建筑物、厂房、设备等固定资产提供长期、固定利率贷款的贷款计划。CDC/504贷款计划包含了多种来源完全不同的资金，即在单笔贷款中，至少50%的贷款金额来自银行等贷款机构，至多40%来自认证发展公司（Certified Development Company，CDC）从二级市场融资所获得的资金，单笔贷款至少10%的金额来自借款企业的实际控制人。其中，CDC是由SBA颁发执照的非营利性机构。与此同时，SBA规定单笔CDC/504贷款的规模在2.5万美元至550万美元之间。

小额贷款计划则是为小企业提供的小额短期贷款，单笔规模最高不超过5万美元，最长期限不超过6年，可用于周转资金或购买设备、用品等。

在参与SBIC投资方面，银行主要以有限合伙人（LP）的身份来满足小企业的融资需求。为了缓解中小企业的融资困难问题，美国政府在1953年颁布了《小企业法案》（*Small Business Act*），并以此法案为基础成立了小企业管理局（SBA），专门负责促进中小企业融资问题的解决，同时通过多种方式辅导创业型企业成长和发展。1958年，美国政府颁布《小企业投资法案》（*Small Business Investment Act*），该法案规定，经SBA同意，相关机构可以设立**小企业投资公司（SBIC）。根据SBIC的监管规定，SBIC应仅对小型企业投资，并将25%的资金投资于微型企业。**其中，小型企业的标准是企业及其附属子公司在融资时满足北美行业划分系统（NAICS）相关规模标准；或企业及其附属子公司市值小于1950万美元且近两年来税后净收入均小于650万美元。微型企业指的是企业及其附属子公司在融资时满足北美行业划分系统（NAICS）相关规模标准；或企业及其附属子公司市值小于600万美元且其近两年来税后净收入均小于200万美元。而SBIC则可以自由与企业协商，采取股债混合模式、夹层融资或纯股权融资的模式对其提供资金支持。

与此同时，来自SBA的政府资金会通过债务或参与证券（Participating Securities）的形式投资SBIC。**为了进一步激励商业银行通过SBIC计划向中小企业提供援助，美联储对商业银行向SBIC投资的资本权重方面也给予了一定的优惠措施。**根据美联储规定，商业银行持有投资公司（Investment Company）股权的风险权重为600%，商业银行持有未上市企业股权的风险权重为400%，商业银行持有已上市企业股权的风险权重为300%，**但是对于商业银行投资SBIC股权的风险权重仅为100%。**值得注意的是，虽然美联储就商业银行对SBIC的投资给予了资本计提优惠，但这一优惠有着额度限制，美联储规定，对于采用一般权重法的银行而言，这一资本计提优惠的限额为一级资本的15%；对于采用高级法的银行而言，这一资本计提优惠的限额为资本净额的10%。此外，虽然SBIC属于私募股权投资基金的一种特殊形式，但商业银行投资SBIC不受《多德—弗兰克法案》中"沃尔克规则"的限制。

从SBIC的投资方式和资金投向来看。SBIC主要通过以下方式对中小企业提供融资支持：一是向中小企业提供股权类融资，包括直接购买股票、购买股票期权及权证；**二是**向中小企业提供长期限的债务类融资（期限长度最长不能超过20年）；**三是**购买股债混合的融资工具，例如可转债、附有股权期权的债务融资工具等；**四是**向中小企业对其他机构的债务融资提供担保。与此同时，**为了确保SBIC的资金能准确地起到支持中小企业融资的作用，监管规定为严格SBIC的投资行为设定了一系列禁止性要求：一是**限制关联方交易，SBIC不得向职员和董事等关联方提供融资；**二是**不得以长期控制为目的向中小企业提供融资，除经批准的特殊情况外，SBIC不得持续控制中小企业超过7年；**三是**集中度限制，未经SBA批准不得向单个中小企业提供超过SBIC所有资金一定比例的融资，例如为了分散投资风险，若SBIC获得的SBA资金支持超过社会资本规模，则对单个中小企业提供的资金不得超过SBIC总资金的30%；**四是**设定禁止性产业，SBIC不得对农场、未经开发的土地以及绝大多数房地产业进行投资，仅有部分房地产中介、经纪商企业予以豁免；**五是限制资金空转**，SBIC不得向主业为向其他机构开展投融资业务的中小企业提供融资；**六是限制地理区域**，若中小企业的主要运营区域并不在美国境内，SBIC不得向该企业提供融资。**与此同时，SBA也对于SBIC向中小企业提供各类融资的收费进行了限制。**除特殊情况外，SBIC对于中小企业提供的贷款类融资利率不得超过19%，其他债务类融资的利率不得超过14%，对于融资过程中收取的手续费、申请费等一系列费用也设置了上限，避免对中小企业造成更为沉重的负担。

应当指出的是，虽然近年来SBIC已逐步转为以支持传统中小企业为主，但在SBIC项目刚开始发展时，其也曾有效地支持了大量的科技型中小企业。20世纪60年代初期，SBIC占所有风险投资的四分之三以上。[1]但是，随着私人有限合伙这种新型的风险投资组织形式开始兴起，SBIC逐步偏向传统行业的中小企业。

三、基金参与科技金融：公募资管产品

从美国对科技创新投资进行支持的经验来看，无论是公募类的共同基金，还是私募类的私募股权投资基金、风险投资基金，都是面向科技创新型企业开展融资支持，并有效提供科技创新的重要资金来源。

在私募类资管产品方面，以风投基金为代表的私募股权投资基金在近百年的发展中，成为了直接向科技领域提供资金支持的最重要资金来源。

1945年，根据时任美国总统罗斯福的要求，卡内基基金会主席范内瓦·布什（Vannevar Bush）牵头研究了如何通过运用新科学和技术知识创立的新企业和行业来支持美国经济在战后实现快速发展的问题。在最终完成的报告中，范内瓦·布什指出，战后美国经济实现快速增长的核心不仅仅在于科技研究和运用，对基于新技术的小型科技公司开展投资是一项拥有丰厚利润的投资。尽管

---

[1]　塞巴斯蒂安·马拉比.风险投资史[M].田轩,译.杭州:浙江教育出版社,2022:48-49.

如此，当时仍然仅有一小部分人士和机构愿意向运用高新技术的新成立高风险科技公司提供资本，来支持其将高新技术转化为实践，或者向存量公司增资以支持其将高新技术转化进实际生产中。在战后，随着报告的出台以及越来越多的人意识到科技创新投资是一种拥有丰厚利润的投资方式，美国各地逐渐出现了风投基金（VC）。应当指出的是，这些风投基金的资金除来源于高净值人群、保险公司和大学基金会之外，带有公募性质的共同基金也是其重要的募资来源。此后，随着时间的推移，各类养老金计划也加入了向风投基金投资的行列。

从20世纪50年代末到20世纪70年代，伴随美苏之间的军备竞赛，美国国防部高级研究计划局（DARPA）所资助的国防安全相关研究为电子信息等高精尖产业带来了快速发展的机遇，由此也为风投基金带来了具有高附加值的投资机遇。在这一过程中，风投基金的组织模式也逐步演进，并在1959年诞生了首个有限合伙制（Limited Partnership）的风投基金，有限合伙模式有效地将普通合伙人（GP）的专业知识、管理能力和有限合伙人（LP）丰厚的资金有机结合，并在美国高科技行业大发展的年代最终获得了显著的收益率。2011年，*How venture capital became a component of the US National System of Innovation* 指出，在经过了20世纪60年代的探索试验之后，20世纪70年代开始，风投基金运营和投资模式逐步成熟，进而成为美国国家性创新系统（US National System of Innovation）的重要组成部分。[①]

应当指出的是，包括风险投资基金在内的各类私募股权投资基金不仅为科技创新企业提供了资金，也为其提供了管理技巧和专业知识等。根据Lerner等的研究，1995年至2019年在美国上市的1930家非金融企业中，有47.0%的企业曾经接受了风险投资基金的投资。而在这1930家非金融企业中，截至2019年末，仍有582家保持着上市的状态，其中风险投资基金支持过的企业占比达到

---

① KENNEY M. How venture capital became a component of the US National System of Innovation[J]. Industrial and Corporate Change, 2011, 20 (6): 1677−1723.

55.7%。值得注意的是，这582家仍处于上市状态的企业，其2019年总研发支出共有1674.42亿美元，而风险投资基金支持过的企业研发总支出占到了其中的88.6%。[①]由此，也进一步验证了风险投资基金等私募股权投资基金支持的着重点在于各类高新技术企业。

在公募性质的共同基金方面，虽然相较于风险投资基金等私募股权投资基金，共同基金所面临的流动性限制更多，但通过多种不同的另类投资方式，其也成为了支持科技创新企业的重要资金来源渠道。

在风险投资基金等私募股权投资基金进入发展之后，就出现了部分共同基金通过向私募股权投资基金进行投资，进而间接支持科技企业未上市股权投资的情况。而进入21世纪之后，在美国市场中，随着利率的逐步走低，各类另类投资工具逐步兴起，不少开放式的公募基金也开始向未上市公司所发行的可转换优先股（convertible preferred securities）进行投资。开放式公募基金既可以通过二级非公开市场转让获得可转换优先股，也可以直接参与未上市公司不同募资轮次的融资来认购可转换优先股。应当指出的是，随着美国另类投资市场的演进，未上市企业不同轮次的融资（通过股权融资或发行可转换优先股）的牵头人既可以是私募股权投资基金，也可以由主要管理共同基金的资管公司来发起，其中Uber公司的D轮融资即为由公募基金管理人富达（Fidelity）所牵头发起。

在2008年金融危机之后，由于低利率环境等多方面原因，开放式共同基金以认购可转换优先股方式对独角兽公司进行融资支持的规模逐步扩大。根据Chernenko等的统计，若将156个在2012—2016年进行至少一轮融资且融资后估值超过50亿美元的未上市企业作为样本，可以发现截至2016年末，开放式共同基金已通过可转换优先股的形式向这些样本未上市企业提供了超过800亿美元的

---

① LERNER J, NANDA R. Venture Capital's Role in Financing Innovation: What We Know and How Much We Still Need to Learn[J]. Journal of Economic Perspectives, 2020, 34 (3):237:261.

融资。样本未上市企业在开展融资时获得开放式公募基金参与的概率也一度达到40%。①

考虑到开放式共同基金有每日的现金流入和流出，其流动性管理压力更大，因此开放式共同基金参与未上市企业股权融资更偏向于轮次相对靠后的融资。 根据Chernenko等的统计，对前述样本未上市企业的融资情况进行考察，可以发现：在D轮融资之前，没有开放式共同基金参与的未上市企业融资事件相对更多；而从D轮融资开始，有开放式共同基金参与的未上市企业融资事件相对更多。与此同时，相较于金融、制造业和可选消费类的未上市企业融资，开放式共同基金更偏好参与健康医疗、信息技术等上市变现周期相对更短企业的未上市股权性质融资。②

值得注意的是，为了维护开放式共同基金持有人的利益，同时帮助开放式共同基金做好相应的流动性管理，开放式共同基金参与未上市股权投资往往还会在投资协议中附加各种不同的条款。

① CHERNENKO S, LERNER J, ZENG Y. Mutual Funds as Venture Capitalists? Evidence from Unicorns[J]. The Review of Financial Studies, 2021, 34 (5): 2362−2410.

② CHERNENKO S, LERNER J, ZENG Y. Mutual Funds as Venture Capitalists? Evidence from Unicorns[J]. The Review of Financial Studies, 2021, 34 (5): 2362−2410.

商业银行是我国金融体系中最重要的组成部分，为科技金融提供了最多的融资和多元化的服务。商业银行的传统优势是服务"创新扩散"，未来可以向"创新产生"扩展。从我国的实践来看，在监管部门的支持和引导下，商业银行已能够开展多种债权、股权或股债混合融资。结合当前我国的实际，认股选择权是一类适合"创新产生"阶段的产品，能够使银行通过分享科技企业的高成长来弥补高风险，从而促进"早小硬"企业引入更多"耐心债务资本"。

第一节　我国科技金融的产品与模式

从我国金融体系的实际来看，银行提供的间接融资长期占据金融机构融资的主导地位。人民银行原行长易纲曾在2020年发表的《再论中国金融资产结构及政策含义》[①]中提到："研究发现，过去十多年来中国宏观杠杆率上升较快，金融资产风险向银行部门集中。"在此背景下，商业银行不仅占到了金融业总资产中的较大比重，更是各类市场主体最主要的融资来源。根据人民银行数据，2024年第三季度末我国金融业机构总资产达到489.15万亿元，其中银行业以439.52万亿元的规模占比89.85%。在我国商业银行的发展中，银行已发展为持有多牌照的金融集团，能够向企业提供多元化的综合融资服务。本节基于银行业实际，梳理境内银行通过不同牌照提供的科技金融产品与模式，旨在为银行发展科技金融业务与科技企业拓展融资渠道提供双赢参考。

一、八种产品模式

（一）信用贷款

科技企业具有轻资产的特点，特别是对于初创型的科技企业，其不仅缺少房屋等抵押物，而且也尚未拥有大型生产设备等抵押物，能获得的担保和保证也相对较少，因此其更偏好使用信用贷款的模式获得贷款。

2024年1月，国家金融监督管理总局发布的《关于加强科技型企业全生命

---

① 易纲.再论中国金融资产结构及政策含义[EB/OL].(2020-11-16)[2025-03-01].http://www.pbc.gov.cn/redianzhuanti/118742/4122386/4122510/4126308/index.html.

周期金融服务的通知》提出，鼓励银行机构在防控风险的基础上加大对初创期科技企业信用贷款投放力度，努力提升科技企业"首贷率"。2024年5月，金融监管总局发布的《关于银行业保险业做好金融"五篇大文章"的指导意见》明确，鼓励有条件的地区和银行保险机构结合科技企业发展规律和特点先行先试，研发专属金融产品，为科技企业提供全生命周期金融服务；在风险可控的前提下，加大信用贷款投放力度。

近年来，在监管部门的引导下，境内银行业逐步提高了其所发放贷款中信用贷款的占比，其中国有大行信用贷款占比提升幅度最为显著。截至2024年6月末，国有大行和A股上市股份制银行信用贷款占比分别为38.90%和33.67%。

图3-1　国有大行和A股上市股份行的信用贷款占比

资料来源：Wind，兴业研究。

在实践中，银行面向科技企业有效投放信用贷款要解决的关键问题是如何评估和审查科技企业。按照信用的来源方式，授信技术可以分为财务报表型贷款、资产抵押型贷款、关系型贷款和信用评分型贷款四种。面向成长期、成熟期的科技企业，可以套用财务报表型贷款或资产抵押型贷款的方式。但是，面向初创期的科技企业（科技小微企业），银行仍然缺少适合的、可以大规模推广的授信技术。

第一，初创企业的资产规模较小，财务数据的滞后性较大，存在资产和信息的双重约束，导致财务报表型贷款和资产抵押型贷款对于初创企业来说过于严格、无法适配，若严格按照上述两种贷款授信方式，初创期科技企业将难以申请或者无法贷到足够的信贷额度。

第二，关系型贷款也不适用于初创企业，因为初创企业成立年限很短，难以与银行及外部群体建立长期的"关系"。

第三，信用评分型贷款更加适合普惠小微企业，不适合科技小微企业。原因是信用评分给到的额度往往较低，并且依赖于企业主的个人信用而不是公司信用。

为了推动银行更好地开展信用贷款，从银行外部来看，需要健全社会信用体系；而从银行内部来看，也需要提升银行自身的科技企业评价能力。

在社会信用体系方面，当前我国顶层的信用信息归集平台主要包括中国人民银行的征信系统和国家发展改革委的全国融资信用服务平台。人行征信系统提供企业信用信息基础数据库和个人信用信息基础数据库，收录的信息包括企业和个人的基本信息，在金融机构的借款、担保等信贷信息，以及企业主要财务指标。国家发展改革委全国融资信用服务平台则归集了分散在不同部门的各类信息超过780亿条，其中包括企业登记注册、纳税、水电气费、社会保险费和住房公积金缴纳等金融机构发放贷款需要的信用信息。2024年3月，国务院办公厅印发了《统筹融资信用服务平台建设　提升中小微企业融资便利水平实施方案》，就更好统筹融资信用服务平台建设、完善以信用信息为基础的普惠融资服务体系作出部署。2024年4月10日，国新办举行的国务院政策例行吹风会上，国家发展改革委领导表示，这两个国家顶层的信用信息归集平台未来也要双向联通。①2024年10月，全国中小微企业资金流信用共享平台上线试运行。其中，中小微企业资金流信用信息是信息主体在交易过程中形成的、能够反映其经营状况、收支状况、偿债能力、履约行为等经济行为并去除相关敏感信息后的交

---

① 进一步提升信用信息归集共享质量[EB/OL]. (2023-08-14) [2024-04-10]. https://www.gov.cn/xinwen/jdzc/202404/content_6944577.htm.

易统计信息。

在银行信用体系方面，《关于加强科技型企业全生命周期金融服务的通知》中提到，鼓励银行保险机构针对不同地区、处于不同行业和不同生命周期的科技企业，建立健全差异化的专属评估评价体系；突出科技人才、科研能力、研发投入、成果价值等创新要素，分层分类设立科技企业信用评价模型。**从银行自身来看，面向不同行业科技企业建立差异化专属评估评价体系的基础在于对各个行业有着深厚的研究和认知积淀。**通过对于不同行业过往历史、当前现状和发展趋势的深刻了解，银行才能明晰初创型科技企业的技术是否具有前景，该企业未来是否具有较好的偿债能力。由此，才能提升银行面向不同科技行业、不同阶段企业的业务能力。

在国家数据局成立之后，我国各级政府正着力推动政务和各类公共服务数据开放和运营。2024年，国家数据局等监管部门出台了多项便利公共数据开发运营的政策。2025年3月5日，李强总理在全国人大所作的《政府工作报告》中明确提出了"加快完善数据基础制度，深化数据资源开发利用"的要求。2025年3月，国务院办公厅发布《关于做好金融"五篇大文章"的指导意见》，其中亦明确提出"依法合规推进金融数据共享和流通，加大公共信用信息对金融领域的开放共享力度"的要求。由此，在对于各个行业深入研究的基础上，银行运用各类非财务替代数据、搭建相关替代数据评估模型，进而疏通"信用贷款"授信评估难问题堵点或也将获得更多的可能性。

（二）知识产权质押融资

科技企业具有知识密集型的特点，企业不一定拥有有形的固定资产，但是大概率拥有独一无二的知识产权，因此知识产权质押融资也是银行集团可以向科技企业提供的一种可行金融产品。

2019年，银保监会等三部门发布了《关于进一步加强知识产权质押融资工作的通知》，目的是进一步促进银行保险机构加大对知识产权运用的支持力度，扩大知识产权质押融资。2023年8月，工业和信息化部、知识产权局联合印发的《知识产权助力产业创新发展行动方案（2023—2027年）》提出："完善知识产权质押融资风险分担和补偿机制，研究将知识产权数据纳入企业授信白名单筛选机制。"近年来，在监管政策的支持和银行机构的努力之下，我国专利商标等知识产权质押融资规模快速上升。2023年全年，我国专利商标等知识产权质押融资额已超过8000亿元，总规模年均增速也超过70%。

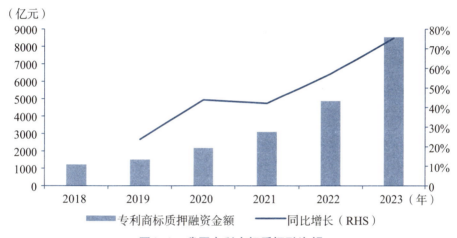

图3-2　我国专利商标质押融资额

资料来源：新闻报道，兴业研究整理。

应当指出的是，运用知识产权、技术等作为抵质押品进行贷款融资的难点在于知识产权和技术的估值难和流转难。

在估值难方面，知识产权质押融资的还款主体为企业，该项资产的质押权仅能作为企业主体还款能力的增信。这导致对知识产权的评估离不开对企业自身的评估，而企业的评估又离不开知识产权的评估，知识产权评估与企业评估容易出现互为因果的局面。与此同时，由于知识产权等具有较强特异性，往往仅能在特定行业、特定企业甚至特定细分阶段上发挥最强的作用，因此同一知识产权往往对不同企业意味着不同的价值和估值。而且，由于具有较高价值的知识产权具有较强的专业性、前沿性，若银行不能通过设立研究部门积淀对特定行业较强的专业研究能力，与学界、业界建立紧密联系并构建"专家库"，则银行自身将难以对知识产权的价值进行准确评估，进而也难以单纯依靠知识产权作为质押物对企业进行准确和足值的授信，这也是近年来不少大中型银行建立内设研究部门或子公司的原因所在。

在流转难方面，一旦企业贷款出现违约，银行获得知识产权相关权属之后，为了尽早将手中的质押物变现、盘活信贷资源，银行需要尽快对其所取得的知识产权质押物进行流转。然而，由于知识产权具有较强的特异性，只对特定行业的企业才具有较高价值。因此银行若仅依靠自身力量寻找知识产权流转的接收方不仅难度较大，可能难以将知识产权售卖出相对合意的价格。虽然2007年国家发展改革委、科技部等部门出台《建立和完善知识产权交易市场的指导意见》，国家知识产权局等相关部门参与创设、批准了多家全国性的知识产权交易平台，部分地区也在相关政策的指导下设立了区域性的知识产权交易平台，但这些平台存在碎片化、交易量稀少、信息披露质量参差不齐等问题。在此背景下，2021年12月，银保监会出台的《关于银行业保险业支持高水平科技自立自强的指导意见》中就提出了"支持通过知识产权交易市场，开展知识产权收储交易，拓宽知识产权质物处置渠道，加快出质知识产权的流转变现"的要求，以期重新激活知识产权交易市场，充分发挥知识产权交易市场在知识产权流转方面的作用。此后，在多个科技金融试验区的相关政策文件中，人民银行等监管部门也多次提出了支持建设技术收储机制的要求。若地方知识产权所能够在地方政府的支持下建立知识产权、技术收储机制，不仅将有助于知识产权、技术的公允定价和高效流转，提升银行对于知识产权、技术等作为抵质押品的接受度；而且也可以进一步提升产学研转化链条的顺畅程度，促进高新知识产权能够及时被企业投入生产环境中。

近年来我国金融监管部门亦在通过多种方式破解知识产权质押融资的"评估难""流转难"等一系列堵点，出台了相关应对措施。 2021年12月，人民银行等八部委联合印发《山东省济南市建设科创金融改革试验区总体方案》，其中明确要求完善知识产权交易运营市场，通过"发挥济南国家知识产权运营服务体系建设重点城市作用，完善山东省知识产权交易系统，建立市场化运作机制，开展知识产权评估、定价、托管、挂牌、交易、拍卖等专业服务"，来"完善知识产权融资机制"。2022年11月，人民银行等八部门发布《上海市、南京市、杭州市、合肥市、嘉兴市建设科创金融改革试验区总体方案》，明确提出"开发符合技术贸易特点的金融产品"以及"支持技术收储机制建设"。2025年3月，国家金融监督管理总局等三部门进一步出台《知识产权金融生态综合试点工作方案》，在北京、上海、江苏、浙江、广东、四川、深圳、宁波等省市开展知识产权金融生态综合试点工作，从而力图针对"登记难"问题、"评估难"问题、"处置难"问题进行重点攻坚。

（三）并购贷款

在科技金融领域拓展并购贷款的运用和落地可以从两个方面推动科技创新发展：一是促进科技企业并购同一个阶段的竞争对手实现协同效用；二是有助于科技创新团队在技术投入生产后及时套现，从而激励科技人员开展创新并将知识产权投入实践。

虽然早在多年之前，监管部门就已允许银行开展并购贷款业务，但监管规则将并购贷款的使用范围限制在了"控股型"并购之中。2015年银监会发布的《商业银行并购贷款风险管理指引》（以下简称《指引》）规定了并购贷款的适用范围："本指引所称并购，是指境内并购方企业通过受让现有股权、认购新增股权，或收购资产、承接债务等方式以实现合并或实际控制已设立并持续经营的目标企业或资产的交易行为。"从这一条款不难发现，并购贷款所能运用的并购交易将仅限于"控股型"并购，对于不以控股为目的的"参股型"并购而言，收购方将难以申请并购贷款开展交易。

在实践中，"一锤子"直接进行的"控股型"并购交易数量相对较少，更多的公司之间并购需要最先从"参股型"并购交易开始，收购方通过参股对并购方进行初步了解和参与经营后，才会有的放矢地开展"控股型"并购。根据Wind所统计的数据，虽然近年来境内不涉及控制权变更的并购交易数量占比和金额占比都呈现下降的趋势，但在2023年，境内不涉及控制权变更的并购交易数量仍占到了所有并购交易的70%以上，不涉及控制权变更的并购交易金额也占到了所有并购交易的40%左右。因此，《指引》的要求限制了并购贷款可以使用的范围，从而使得并购贷款支持科技金融的质效也受到了一定程度的削弱。

图3-3 不涉及控制权变更的并购交易占比

资料来源：Wind，兴业研究。

不过近年来，部分金融机构在监管机构的支持下，开始拓展将并购贷款用于"参股型"并购交易。 2020年6月10日，农业银行时任投资银行部负责人在《中国金融》杂志发表《并购贷款加大权益资金供给》[①]，文中披露："2019年5月，根据农业银行的申请，银保监会批复同意对支持民营企业的参股型战略投资，可在上海银保监局监管范围内按'一事一议'原则申报后实施，此举为并购贷款产品的创新改革打开了局面。"在此机制支持下，2019年8月，农业银行上海分行向东方航空产业投资有限公司发放并购贷款19.5亿元，用于认购吉祥航空

---

① 并购贷款加大权益资金供给[EB/OL].(2020-06-10)[2024-08-30]. https://mp.weixin.qq.com/s/qn1Jg5tcYloGL4h7u4DVzQ.

公司15%股权，支持其扩大机队和偿还部分银行贷款，助力民营航空企业渡过难关。但该创新目前仅能小范围采用"一事一议"的方式探索，实际上仅在"监管沙盒"内实现，难以充分满足市场需求。

若能将并购贷款拓展到"参股型"并购领域，还可以提升银行向科技企业管理和技术团队员工持股机制提供融资支持的能力。在实践中，科技企业的管理团队、技术团队多通过设立有限合伙性质的私募基金来推进员工持股计划。然而，对于不少科技企业管理和技术骨干而言，其能够用于认购员工持股计划股权的资金相对有限，因此需要向外界寻求金融融资。若是管理和技术骨干通过个人贷款的方式获得融资，则将会面临贷款不能用于股权投资的限制。在此背景下，若管理和技术骨干希望通过银行贷款获得资金来出资员工持股计划，将只能通过并购贷款。在此之前，已经有银行通过并购贷款的模式，向国企混改过程中的员工持股计划提供了融资。在给予作为员工持股计划平台的合伙企业提供并购贷款的同时，该银行不仅获得了员工持股计划平台所拥有的企业股权作为质押，还得到了管理和技术团队个人的担保，从而为该笔并购贷款提供了多重的担保，降低了潜在的信用风险。

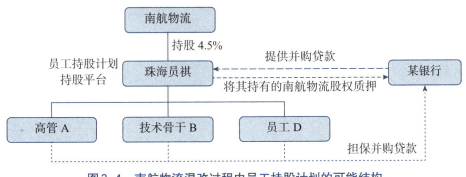

图3-4　南航物流混改过程中员工持股计划的可能结构

资料来源：兴业研究整理。

（四）创新贷款利率定价机制

科技企业具有盈利后置的特点，早期营收相对较少，因此银行也可以选择开展创新贷款利率定价机制的方式来契合科技企业的盈利特点。

2022年11月，人民银行等八部门联合印发《上海市、南京市、杭州市、合肥市、嘉兴市建设科创金融改革试验区总体方案》（以下简称《总体方案》）。《总体方案》提到，支持商业银行运用"远期共赢"利率定价机制、在风险可控范围内开展无还本续贷，降低试验区内科创企业融资成本。从具体的贷款利率定价模式看，既可以预先明确贷款存续过程中不同时间点的"前低后高"利率定价，也可以为企业贷款利率的调升预先设置一定"阈值"。例如，银行可以预先明确，当接受贷款的企业净利润超过1000万元之前，其贷款利率将设定为2%；而当其净利润超过1000万元之后，其贷款利率将变更为5%。

2023年安徽省实施"共同成长计划"，提出探索以金融服务优先权为基础的利率定价和利息还付模式，这也是该模式首次从"银行主导"改变为"地方政府引导"。2023年6月，安徽省科创金融改革领导协调小组办公室印发了《金融支持科创企业"共同成长计划"实施方案》，提出了由银企双方通过签署"贷款协议+中长期战略合作协议+承诺函"等综合业务模式，推动初创期、成长期科创企业可以获得LPR最优贷款利率的贷款，同时银行获得包括双方利率调整权在内的一系列金融服务优先权。据媒体报道[①]，截至2024年6月末，安徽省近百家金融机构加入"共同成长计划"，签约企业突破1万户，贷款余额达到1493亿元。从贷款期限来看，签约企业所获得的大多数贷款由1年以内的流动资金贷款变更为期限更长的中长期贷款，户均协议期限达2.8年。从贷款额度来看，户均授信金额突破2800万元，部分企业授信额度提升约2倍。

（五）认股选择权贷款

初创期科技企业具有高风险高回报的特征，若在银行向这部分企业提供贷

---

① 中安观察｜一周年，安徽首创的"共同成长计划"成绩如何？[EB/OL].（2023-08-14）[2024-07-23]. http://ah.anhuinews.com/szxw/202407/t20240723_7707736.html.

款的同时，能获得认股选择权作为风险补偿，则能更好激励银行对初创期科技企业发放贷款。

认股选择权（以下简称认股权）其实质是一种看涨期权，赋予持有者在一定期限内以约定价格购买企业确定数量股权的权利。在银行机构开展业务过程中，一般采用"信用贷+认股权"的方式，认股权可作为信用贷的"增倍"。

应当指出的是，"信用贷+认股权"模式不是仅有银行获益，而是一种各参与方都能获益的模式。对企业来说，通过认股权的让渡，可以激励更多的银行为其提供信用贷款，缓解其因缺乏抵质押物、未有借贷历史和经营历史而难以获得信用贷款乃至难以获得贷款的难题。对银行来说，通过获得认股权不仅能够弥补潜在的信用风险损失，还能够提早对未来科技产业进行布局。对银行投资子公司（或第三方投资公司）来说，通过认股权能够在不用直接出资的情况下储备潜在投资项目。

值得注意的是，在监管部门的支持下，不少地区已经明确区域性股权市场为企业认股权交易提供了交易相关服务，从而提升了认股权转让的便利性。对于初创期科技企业而言，其认股权属于定制化的场外衍生品，在传统上仅能依赖于场外的双边沟通进行交易，不仅难以寻找交易对手方，而且在登记、确权等方面也难以寻求第三方进行服务。在科创金融金改试验区的相关政策支持下，2022年到2023年，北京、上海的区域性股权市场陆续获批开展认股权综合服务试点，明确了认股权的确权、登记、转让、行权等业务规则。2024年，江苏股权交易中心、浙江股权交易中心也分别落地首批或首单认股选择权登记项目。随着越来越多的区域性股权交易场所为认股权交易提供服务，不仅能支持银行寻找认股权的交易转让对象，而且可以为认股权交易提供登记、确权等一系列保障服务，提升交易过程中的法律保障。

（六）跨区域联合授信

随着全国统一大市场的逐步构建，越来越多的企业基于成本、人才分布等多方面考量，选择将总部、研发中心、测试中心、生产中心等不同部门设置于境内不同的地区，甚至进行了跨境设置。例如，对于科技企业而言，为了依托发达地区优异的医疗、教育条件吸引最优秀的技术骨干人才，其往往将研究所、研发中心放在沿海最发达的地区；而为了降低生产成本，科技企业也大多选择将其生产中心放在中西部土地资源、人力成本相对较低的地方。

在此情况下，全国性银行的不同分行之间可以通过建立跨区域联合授信机制的方式，形成"全行服务一家"的科技金融模式。同时，全国性银行还可发挥自身的布局优势，积极运用银团贷款模式，支持地方中小银行拓展对其本地企业的服务半径。

在跨区域授信模式方面，2022年11月，人民银行等八部门联合印发了《上海市、南京市、杭州市、合肥市、嘉兴市建设科创金融改革试验区总体方案》，其中指出："支持试验区内银行业金融机构在依法合规前提下，探索建立跨省（市）联合授信机制，积极发展银团贷款等业务，优先满足试验区内科技产业及重大合作项目融资需求。"在此之前，对于同一银行的不同分行而言，在缺少协同考核指标激励的情况下，若该分行辖区内拥有某企业的总部，但其生产基地并不在该分行辖区，那么由于面向该企业生产基地的贷款并不属于该分行的资产投放，因此其可能对于服务该企业总部的动力也相对较少；然而对于该企业生产基地所在地的分行而言，由于生产基地银行合作方的选定权利或在总部，因此即使其加强与生产基地的联系，该分行也难以获得与该生产基地的合作机会。在此背景下，若能通过跨区域授信模式、分行间协作的考核"双记"模式等推动分行间合作服务同一家企业，不仅可以提升企业的金融服务获得感，还能够有效提升银行内部的区域间分行协调效能。

在银团贷款模式方面，对于部分地方中小银行而言，在近年来服务本地、限制跨区展业的要求之下，若其所常年服务的企业在发展壮大后出现了跨行政区域的设点和布局，则意味着该地方中小银行将不得不面临客户流失的潜在风险。在此背景下，地方中小银行可以寻求其他行政区域的伙伴地方中小银行或全国性银行的协助，通过银团贷款的模式继续对该企业提供贷款融资支持。

值得注意的是，2024年3月，金融监管总局发布《银团贷款业务管理办法（征求意见稿）》（以下简称《管理办法》），拟降低承销和分销规模下限，提升了银团贷款的"成团"可能。在承贷、分销份额下限方面，《管理办法》将银团贷款牵头行的承贷份额由原则上不得少于银团融资总金额的20%下调为15%，分销给其他银团成员的份额由原则上不得低于50%下调为30%。份额下限的调整，可以激励牵头行开展银团贷款。同时，《管理办法》规定银行可以将其持有的银团贷款部分转让。与之相对比，此前银团贷款在转让时都需要遵循"整体性原则"，不允许分割转让。对于未能遵循整体性原则的情况，监管部门还会进行相应的处罚。在此背景下，银行之间合作开展银团贷款的便利性和可行性均将有较为显著的上升。从境外的情况来看，银团贷款是银行之间开展同业合作的一种有效方式。同时，相较于其他类型贷款，由于银团贷款在发起之时就已获得多家银行的参与，因此在银行之间进行银团贷款份额转让（即信贷资产流转）的可能性和便利性也更高。2018年至2023年，欧美地区银团贷款年转让交易规模均超过7000亿美元。

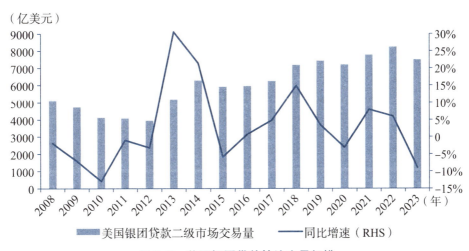

图3-5　美国银团贷款转让交易规模

资料来源：美国银团与交易协会，兴业研究。

（七）基金债

从境内外的经验来看，对于暂未获得营收的初创期科技企业而言，私募股权基金的股权投资支持在其发展道路上发挥着重要的作用。然而，近年来由于境外的"脱钩断链"由产业链延伸至创投链、地方政府财力受限、理财等来源资金在监管规则趋严态势下难以对接私募股权投资基金等因素，私募股权投资基金的募集规模也受到了较大的负面影响。从政府引导基金近年来的设立规模来看，其认缴规模在2016年达到约18000亿元的顶峰后逐步下降，2020年后年均认缴规模已低于5000亿元。

图3-6　政府引导基金近年来设立情况

资料来源：清科投资，兴业研究。

在此背景下，包括创业投资基金在内的私募股权投资基金募资渠道也成为丰富科技金融资金来源的重要措施。其中，基金债是一种可行的方式。顾名思义，基金债即为创业投资基金等私募股权投资基金所发行的债券，其通过发行债券所募集的资金将可以用于股权性质的投资，拥有"点石成金"的功效。

从2013年开始，在我国的债券市场上就已经出现了广义的基金债品种，相关债券品种的创新逐步由企业债拓宽到了公司债和非金融企业债务融资工具中，

其支持对象主要包括创业投资基金和政府出资产业投资基金。

在发行企业债券类的基金债方面，2013年，发展改革委发布的《关于加强小微企业融资服务支持小微企业发展的指导意见》中明确指出："支持符合条件的创业投资企业、股权投资企业、产业投资基金发行企业债券，专项用于投资小微企业；支持符合条件的创业投资企业、股权投资企业、产业投资基金的股东或有限合伙人发行企业债券，扩大创业投资企业、股权投资企业、产业投资基金资本规模。"2016年，国家发展改革委发布《政府出资产业投资基金管理暂行办法》，明确"已登记并通过产业政策符合性审查的政府出资产业投资基金除政府外的其他股东或有限合伙人"可以申请发行企业债券来扩大资本规模、增强投资能力。

在发行公司债券类的基金债方面，2017年7月，中国证监会发布《关于开展创新创业公司债券试点的指导意见》，其中指出，创新创业公司债指的是"符合条件的创新创业公司、创业投资公司"可以发行公司债券，所谓创业投资公司指的是"符合《私募投资基金监督管理暂行办法》、《创业投资企业管理暂行办法》等有关规定，向创新创业企业进行股权投资的公司制创业投资基金和创业投资基金管理机构"。根据监管规定要求，发行创新创业公司债所募集的资金应专项投资于种子期、初创期、成长期的创新创业公司的股权。

在非金融企业债务融资工具方面，2019年9月，中国银行间市场交易商协会发布《双创专项债务融资工具信息披露表》（以下简称《披露表》），其中指出该债务融资工具指的是"非金融企业在银行间市场发行的，募集资金通过投债联动的模式用于支持科技创新企业发展的债务融资工具"。根据《披露表》要求，双创专项债务融资工具的发行主体既可以是"国有资本投资、运营公司"，也可以是"园区经营企业"等具有股权投资需求的企业。《披露表》明确指出，"双创专项债务融资工具可用于基金出资"，但应当"投资于政府出资产业投资基金或按照《创业投资企业管理暂行办法》备案的创业投资基金"。特别值得注意的是，为了避免创投基金等的所有资金均来自发行债券所募集的资金，《披露表》还明确要求双创专项债务融资工具所募集资金"与所投基金总规模保持合理比例，不超过所投基金中发行人已认缴规模的60%"。

近年来，在相关政策的支持之下，基金债的发行规模快速上升，并在2021年达到了超过1200亿元的高点。此后由于多方面原因，基金债发行规模出现了一定下降，但仍维持在每年700亿元左右的规模。

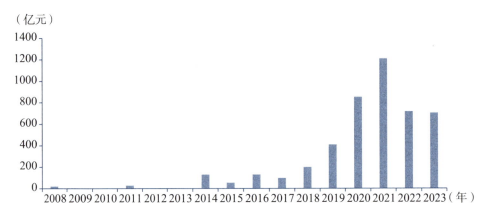

（亿元）

图3-7 近年来基金债发行规模

资料来源：Wind，兴业研究。

（八）表内股权投资

在此之前，由于《商业银行法》的限制和高额资本占用的掣肘，境内商业银行难以运用表内资金开展股权投资。不过，近年来在监管部门的支持下，国有大行已开始探索运用表内资金通过金融资产投资公司（AIC）开展股权投资。

此前，银行运用表内资金开展股权投资的阻碍主要在于两个方面：

第一，《商业银行法》仅允许特殊情况下银行对非金融企业开展股权投资。现行《商业银行法》第四十三条规定："商业银行在中华人民共和国境内不得从事信托投资和证券经营业务，不得向非自用不动产投资或者向非银行金融机构和企业投资，但国家另有规定的除外。"因此，除了另行特批的情况，银行都不得对非金融企业开展股权投资，这也与我国金融业分业经营的情况相契合。

第二，在资本监管规定下，银行表内资金对非金融企业进行股权投资将面

临较高的资本占用。 根据2012年银监会发布的《商业银行资本管理办法（试行）》，银行对工商企业所持有的股权，其风险权重将被设置为400%~1250%。而在2023年底金融监管总局发布的《商业银行资本管理办法》（以下简称《资本新规》）中，银行持有非金融企业股权的风险权重被设置为250%~1250%，其中被动持有的非金融企业股权、参与市场化债转股持有的非金融企业股权以及获得国家重大补贴并受到政府监督的非金融企业股权投资的风险权重均为250%。

表3-1　银行表内资金开展股权投资的风险权重

项　　目	《资本新规》	《巴塞尔协议Ⅲ》[①]
15股权		
15.1 对金融机构的股权投资（未扣除部分）	250%	250%
15.2 被动持有的对工商企业的股权投资	250%	250%
15.3 因政策性原因并经国务院特别批准的对工商企业的股权投资	—	—
15.4 参与市场化债转股持有的工商企业股权投资	250%	—
15.4.1 持有上市公司股权的	—	—
15.5 对获得国家重大补贴并受到政府监督的股权投资	250%	100%
15.5.1 中央财政持股30%以上的	—	100%
15.6 对工商企业的其他股权投资	1250%	250%或400%

资料来源：金融监管总局，兴业研究。

虽然目前监管部门尚未对银行表内资金开展股权投资的风险权重进行显著调降，但已开始允许部分银行通过金融资产投资公司参与科创和民营企业股权投资，未来我国商业银行对非金融企业开展股权投资或有广阔的发展前景。 截至2025年2月底，我国已获批成立的5家金融投资公司均为国有大行全资持有，因而应被完全纳入国有大行资本并表的范围内。2021年12月，银保监会发布的《关于银行业保险业支持高水平科技自立自强的指导意见》就明确指出："鼓励

---

① 巴塞尔协议是巴塞尔委员会制定的在全球范围内主要的银行资本和风险监督标准。2008年国际金融危机直接催生了巴塞尔协议Ⅲ，此为巴塞尔协议的第三版。

金融资产投资公司在业务范围内，在上海依法依规试点开展不以债转股为目的的科技企业股权投资业务。"2024年7月，数家国有大行运用表内资金对国家半导体大基金三期进行了出资，这也意味着上述资金将直接对半导体企业进行股权投资。2024年8月，相关试点进一步推广至北京地区。2024年9月，国家金融监督管理总局发布《关于做好金融资产投资公司股权投资扩大试点工作的通知》和《关于扩大金融资产投资公司股权投资试点范围的通知》，一方面将金融资产投资公司股权投资试点的范围扩大到了18个城市（北京、天津、上海、重庆、南京、杭州、合肥、济南、武汉、长沙、广州、成都、西安、宁波、厦门、青岛、深圳、苏州），另一方面将金融资产投资公司可以进行股权投资的规模由其总资产的4%提升至10%。

二、科技金融产品模式建议

从我国境内银行探索实践科技金融产品与模式的情况入手，参照国际经验，未来监管部门还可以进一步优化政策，促进我国银行提升支持科技金融的能力。

一是建议各级政府加快构建知识产权收储机制，并打通形成全国性的知识产权转让库，促进知识产权定价和流通。如前所述，当前阻碍知识产权质押贷款规模进一步提升的难点在于知识产权的估值难和流转难，而应对流转难的一大措施就在于建设知识产权收储机制。不过从实践来看，目前各地的知识产权收储机制仍处于早期研究和探索阶段，实际落地单数相对有限。未来，若能有效地落地收储机制，同时连点成面形成全国性质的知识产权信息共享库乃至交易库，将能有效地提升收储机制的运作效率，提高收储后知识产权的再次运用可能。

二是加快推动"参股型"并购贷款试点扩围，有效推动并购贷款支持科技企业融资、骨干人才员工持股计划设立，激励科技成果转化。虽然近年来"参股型"并购贷款的试点案例不断增多、参与试点机构亦有所扩围，但是仍处于小范围试点和"一事一议"的状态，不仅流程较长而且能够获批的项目也相对有限，难以惠及大量有发展前景的初创期科技企业。随着"参股型"并购贷款试点的逐步成熟，未来可以进一步明确在科创金改试验区内将该种并购贷款"试点转常规"，从而推动更多的银行机构提供该项金融服务，也可以使得更多的科技企业、管理和技术人才享受相关试点所带来的福利。

三是积极推动S基金[①]**的发展，形成一套市场相对公认的S基金转让的公允价值计算方法，促进未上市股权投资的转让流转。**按照《资管新规》规定，资产管理产品直接或者间接投资于未上市企业股权及其受（收）益权的，应当为封闭式资产管理产品，并明确股权及其受（收）益权的退出安排，未上市企业股权及其受（收）益权的退出日不得晚于封闭式资产管理产品的到期日。由于科技企业的上市以及上市节奏具有高度的不确定性，因而不少本希望对科技企业开展未上市股权投资的资管产品因为难以确定退出方式和时间，不得不最终放弃了投资。在此背景下，若能有效地发展S基金，提升未上市股权投资多渠道转让的可能性，则将有效畅通资管产品对未上市股权的投资阻碍。值得注意的是，未上市股权份额转让定价应当相对公允，并获得交易双方的认可。因此，未来通过交易中介机构或专家库等形式提升未上市股权估值公允性也有较高的必要性。只有形成相对公允的价值计算方法，才能推动S基金的发展。

四是探索允许银行在一定额度内向创投基金等投资科技企业未上市股权的私募基金提供过桥贷款等贷款支持。当前，在监管部门的支持和允许下，我国的创投基金、政府出资产业投资基金可以通过发行债券募集资金，进而将所募集资金用于对科技企业的股权投资。然而相比于贷款等融资方式，发债融资面临着流程较长、手续烦琐等劣势。从国际经验来看，未来若能允许银行向为科技企业提供股权融资支持的创投基金、政府出资产业投资基金提供贷款融资，也将有效提升这类私募股权投资基金对科技企业的支持力度。

[①]　S基金（Secondary Fund）是一种专注于私募股权二级市场的基金产品，其核心在于从现有基金手中收购基金份额或项目，S基金能够为市场提供新的退出渠道。

同时，为了降低银行贷款的信用风险，银行还可以要求创投基金、政府出资产业投资基金以未来有限合伙人（LP）等的缴款承诺作为还款资金来源和担保承诺。

五是参照国际经验，允许商业银行在资本净额的10%额度以内开展股权投资，给予风险权重为100%的优惠。如前所述，在2023年之前，银行运用表内资金对科技企业开展股权投资支持的障碍主要在于《商业银行法》规定和较高的风险权重。近期，在监管部门的批准下，部分银行已可以通过金融资产投资公司（AIC）运用表内资金对非金融企业进行股权投资。然而，虽然2023年底出台的《资本新规》对于银行表内获得国家重大补贴，并受到政府监督的未上市企业股权投资，已相较此前下调了风险权重，但仍有250%的风险权重。从国际经验来看，根据最新版《巴塞尔协议Ⅲ》，各经济体金融监管部门可以允许当地银行在资本净额10%的额度内对政府支持的特定领域（例如普惠小微、科技创新）公司开展股权投资，其风险权重将可以设定为100%。由此，已有不少经济体的监管机构实践了上述条款，例如美国对于银行通过小企业投资公司（SBIC）对普惠小微领域企业的股权投资，赋予了100%的风险权重。未来，为了有效支持科技创新领域的高效融资和快速发展，我国亦可以考虑采用这一条款，从而更有效地支持突破"卡脖子"技术。

第二节　我国认股选择权实践

商业银行对于成长期、成熟期企业的金融服务较为完善，但是对于引入期、初创期企业的金融供给仍有欠缺。一方面是由于商业银行的风险偏好，另一方面也源于现有产品的不匹配。在多层次资本市场着力投早、投小、投长期、投硬科技的趋势下，商业银行也可以探索多样化的科技金融服务模式。认股选择权作为适合初创企业的创新产品，允许银行通过分享科技企业的高成长来弥补高风险，从而为"早小硬"企业引入"耐心债务资本"。

认股选择权能够实现多方共赢：银行可通过认股权预期收益对冲贷款风险，并战略性布局未来产业的初创企业。银行投资子公司或金融资产投资公司无须出资即可锁定优质早期项目资源；企业则能以股权增值预期撬动复合融资。当然，认股选择权的推广仍然面临营销拓客、审查审批、流转推出等落地难点，需通过精准定位客群、定制专属审批、完善科学激励等方案应对。

一、认股权简介

（一）产品介绍

认股选择权（以下简称认股权）是一种看涨期权，赋予持有人在一定期限内以约定价格购买企业一定数量股权的权利。如果企业发展良好，持有人可以卖出选择权，获得期权升值的收益，也可以选择行权，获得企业股权，如果企业发展一般，持有人可以不行使权力。

银行的认股权业务一般是采用"信用贷＋认股权"的模式开展，认股权作为信用贷款的风险补偿。认股权的交易架构分为三方架构和两方架构。在三方架构下，银行、银行投资子公司（或第三方投资公司）、企业三方进行合作。银行向企业发放贷款，银行投资子公司（或第三方投资公司）获得企业的认股权。贷款到期后，银行收回本金获得利息，或者承担不良损失。银行投资子公司（或第三方投资公司）视企业发展情况选择转让或者行权，获得认股权升值收益或者公司股权，收益与银行分享，用于递减贷款的不良损失。**在两方架构下，银行与企业直接签署贷款合同和选择权合同，将选择权按照衍生工具进行管理，并计入交易性金融资产，当企业股权升值后，银行选择不行权，而是通过转让来获得收益。**

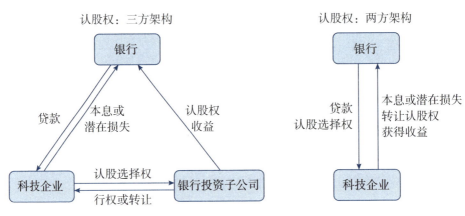

认股权：三方架构　　　　　　认股权：两方架构

图3-8　认股权的产品架构

资料来源：兴业研究。

"信用贷＋认股权"模式具备商业可行性。表面上看，认股权是免费的。但实际上，认股权是向科技企业授信的一种风险补偿措施，认股权的价格是该笔贷款的预期损失。如果认股权的收益能够高于贷款的预期损失，那么该模式就是可行的。举例来说，假设银行给一家科技创新类小微企业提供1000万元的信用贷款，银行贷款的收益率是1%（贷款利率减去贷款FTP），并约定以200万元的价格购买企业2%的股权（企业估值1个亿）。一年以后，银行的收益情况可以简单分为三种情况。第一种情况，企业发展很好，估值提升到1.5个亿，选择权升值100万元，贷款能够偿还本息，利息收入10万元，假设这种情况的概率是30%，那么预期收益为33万元。第二种情况，企业发展一般，估值未提升，但是能够还本付息，贷款利息收入为10万元，假设这种情况的概率是68%，那么预期收益为6.8万元。第三种情况，企业违约无法还款，假设违约概率是2%（PD=2%），违约损失率是100%（LGD=100%），违约风险敞口是1000万元（EAD=1000），那么预期损失为20万元。综合这三种情况，这笔业务的期望收入是33+6.8-20=19.8万元。如果没有入股选择权，对于银行来说，这笔业务的预期损失高于利息收入（预期收益是9.8万元，预期损失是20万元，或者简单来看，违约率2%大于收益率1%），这家初创企业就不会获得贷款。但是叠加入股选择权后，银行整体预期收益为正，就能够将业务拓展到这家企业，还能够实现一定的收益。

图3-9　认股权的商业可行性

资料来源：兴业研究。

"信用贷+认股权"模式是相关方都能获益的正和博弈。对企业来说，通过认股权可以撬动更多金融资源支持科技创新类小微企业（以下简称科技小微）发展。科技小微与普惠小微的区别是：科技小微专注于新技术的研发和生产，通常在行业尚未成熟时进入，通过创新来获取利润，需要大量资金进行研发，未来发展潜力较大，但是信用风险更高（无信用记录、无抵押、无担保）；而普惠小微则从事成熟行业的生产和流通（基本没有研发），通过服务本地市场或供应链末端来获得利润，需要一定资金进行周转，发展潜力较小，但是信用风险较小（有信用记录、有现金流、有抵押物），可以基于交易或抵押获得贷款。国家推出了包括融资担保、风险分担、贴息贴补、首台（套）重大技术装备保险补偿、创新合作采购在内的一系列政策性金融安排，有效地缓解了中小微企业的融资难、融资贵问题。但是，在以间接融资为主导的融资体系中，科技小微融资仍面临一些困难：一是"不解渴"，科技小微相比普惠小微在经营历史、信用记录、还款来源方面不占优势，即使能够享受到普惠金融方面的政策性金融安排，获得的融资额度仍然不满足其研发、生产需求；二是"够不着"，大量科技小微处于获得专精特新等科创称号之前的阶段，无法享受到科技金融方面的政策性金融安排。"信用贷+认股权"这一模式，使银行能够通过分享科技小微的高成长来弥补高风险，从而使科技小微充分获得更多金融支持。

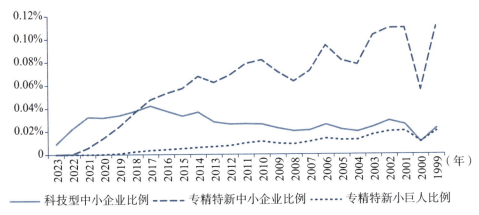

图 3-10　获得科创称号的企业占当年成立企业的比例

注：查询时间为 2024 年 8 月。
资料来源：启信宝，兴业研究。

对银行投资子公司（或第三方投资公司）来说，通过认股权能够在不用出资的情况下储备早期项目。银行系股权直投偏好确定性更高的项目，科技小微的不确定性更高，往往被排除在视线之外。通过认股权，能够将这类早期项目纳入银行内部的"青训营"，既不用投钱，又可以借助商行业务观察企业成长情况。对成长达到"一线队"水平的企业，再由银行投资子公司（或第三方投资公司）使用选择权来获取企业的股权。例如，投资子公司协助银行筛选并介入了 100 家科技小微企业，如果有 10 家企业能够"跑出来"，再对这 10 家企业进行行权。对投行来说，认股权能够在初期不投入股权资金的前提下，批量储备早期优质项目，并且能够结合企业在银行的业务信息（例如企业的现金流状况），筛选出确定性更高的股权标的。

对银行来说，通过认股权还能够提早对未来科技产业进行布局。当前，各家银行围绕科技企业展开的竞争十分激烈，并且奉行"拿来主义"，每年"专精特新""小巨人"名单一经公布，银行就开始扎堆进行同质化竞争。要建立科技产业的差异化优势，最好当下从科技初创企业开始，因为伴随科技小微成长而建立的客户关系一般难以替代。《硅谷百年史：创业时代》中写到这样一个案例，惠普成立于1939年，成立的第二年，惠普想要从意大利银行（如今的美国银行）申请信用额度，但是被拒绝了，转而从帕洛阿图的国家银行获得了500美元贷款，从此建立的信贷关系为这家银行带来了数百万美元的利润。[①]从惠普的案例还可以发现，提早介入科技小微企业的另一个好处在于——对银行而言风险是短期的，收益是长期的。假设1940年帕洛阿图的国家银行为10家与惠普同等档次的科技小微企业提供贷款，其中9家产生坏账，但是有一家成长为惠普这样的科技龙头，算总账的话，这9家小企业的损失是有限的，而这一家科技龙头的业务是源源不断的。越早介入科技企业，业务关系就越牢固，如果能够有前瞻性地选择一批未来产业的科技小微企业，那么就能为长期的资产配置奠定基础。而认股权就是早期介入科技小微企业、布局未来产业的利器。

（二）政策框架

认股选择权的制度依据，最早来自2016年4月银监会、科技部、人民银行三部门联合发布的《关于支持银行业金融机构加大创新力度　开展科创企业投贷联动试点的指导意见》（以下简称《意见》）。《意见》对投贷联动进行了界定，投贷联动指的是银行业金融机构以"信贷投放"与本集团设立的具有投资功能的子公司"股权投资"相结合的方式，通过相关制度安排，由投资收益抵补信贷风险，实现科创企业信贷风险和收益的匹配，为科创企业提供持续资金支持的融资模式。从该定义出发，"贷款+股权投资""贷款+认股选择权"均属于投贷联动试点范围。

认股权正式在政策文件中提出，据我们的考察是在2021年的《北京市关于应对疫情防控常态化促进中小企业健康发展若干措施》（以下简称《措施》）。《措施》中提到，"扩大银行投贷联动业务规模，支持银行以认股权贷款等形式为科技企业提供融资"。

---

① 阿伦·拉奥，皮埃罗·斯加鲁菲.硅谷百年史：创业时代[M].闫景立，谈锋，译.北京：人民邮电出版社，2016：61-63.

表3-2　认股权的制度框架

时间	部门	政策名称	相关内容
2016年	银监会、科技部、人民银行	《关于支持银行业金融机构加大创新力度 开展科创企业投贷联动试点的指导意见》	投贷联动是指银行业金融机构以"信贷投放"与本集团设立的具有投资功能的子公司"股权投资"相结合的方式，通过相关制度安排，由投资收益抵补信贷风险，实现科创企业信贷风险和收益的匹配，为科创企业提供持续资金支持的融资模式。
2021年	银保监会	《关于银行业保险业支持高水平科技自立自强的指导意见》	鼓励银行机构充分发挥与其子公司的协同作用，为科创企业提供持续资金支持。在风险可控前提下与外部投资机构深化合作，探索"贷款+外部直投"等业务新模式，推动在科技企业生命周期中前移金融服务。
2021年	北京市经济和信息化局、北京市发展和改革委员会	《北京市关于应对疫情防控常态化促进中小企业健康发展若干措施》	扩大银行投贷联动业务规模，支持银行以认股权贷款等形式为科技企业提供融资，试点开展认股权登记、转让服务。
2022年	北京市金融服务工作领导小组	《北京市"十四五"时期金融业发展规划》	发挥北京股权交易中心基础性资本市场服务功能，开展科技型中小企业认股权登记转让等试点。
2022年	证监会		证监会批复同意，由北京股权交易中心依法合规建设认股权的登记、转让等相关综合服务试点平台。
2023年	国务院	《关于〈支持北京深化国家服务业扩大开放综合示范区建设工作方案〉的批复》	依法依规支持北京区域性股权市场发挥认股权综合服务功能，面向私募基金等探索开发认股权相关产品等。
2023年	证监会	《关于同意在上海区域性股权市场开展认股权综合服务试点的函》	我会认为来函所附《上海认股权综合服务平台建设方案》同时可行，同意贵市区域性股权市场开展并启动认股权综合服务试点。

续表

时间	部门	政策名称	相关内容
2024年	上海市人民政府办公厅	《关于进一步促进上海股权投资行业高质量发展的若干措施》	推动开展投贷联动，加大对种子期、初创期科技型企业综合金融支持力度。依托上海股权托管交易中心认股权试点，建设确权、登记、托管、结算、估值、转让、行权等综合服务平台。

资料来源：中国政府网等政府网站，兴业研究。

2022年到2023年，北京、上海的区域性股权市场陆续获批开展认股权综合服务试点，明确了认股权的确权、登记、转让、行权等业务规则。

2022年，北京股权交易中心（以下简称北京股交中心）开展认股权综合服务试点，是全国首个认股权综合服务试点。根据证监会的批复，北京股交中心可以依托区域性股权市场，建设认股权的确权、登记、托管、结算、估值、转让、行权等一系列综合服务的试点平台，并且出台了《北京股权交易中心认股权综合服务试点业务规则（试行）》等多套业务规则，内容涵盖登记托管、转让、资金结算、收费、投资者适当性管理等方面。截至2024年7月31日，北京股交中心认股权进场项目89个，持有人包括中关村资本、中关村创投、工行北分、中信北分、光大理财、浦银国际等[1]。

2023年，上海股权托管交易中心（以下简称上海股交中心）开展认股权综合服务试点，是全国第二个认股权综合服务试点。上海股交中心可以提供认股权发行、登记、托管、确权、结算、转让、行权、估值及企业画像、委托管理等一系列综合服务，并且出台了《上海股权交易中心认股权综合服务试点业务规则》等业务规则。截至2024年8月1日，上海股交中心认股权登记项目24个，持有人包括工商银行外滩支行、北京银行上海分行、大连银行上海分行、光大理财、建银国际、上银国际、上海杨浦同济科技园等。[2]

---

[1]　认股权进场项目[EB/OL].（2024-07-31）[2024-07-31]. https://www.bjotc.cn/rengu/project.html.

[2]　股权登记列表[EB/OL].（2024-07-31）[2024-07-31]. https://www.china-see.com:6565/warrant/companyList.

2024年，江苏股权交易中心、浙江股权交易中心分别落地首批/首单认股选择权登记项目。2024年4月，江苏股交中心首批落地了四单认股选择权项目，项目服务企业均为南京银行"专精特新"中小企业贷款客户。2024年6月，浙江股交中心落地了首笔选择权项目，由复琢资本将一笔选择权在浙江股交中心托管、确权，杭州银行对该企业提供了贷款融资。

在建立服务平台试点之前，部分银行已经针对认股权进行了探索，因此有大量认股权没有在平台进行登记。根据相关报道和论文资料，截至2021年7月，建设银行在深圳与约1000家企业签订了认股权协议[①]；截至2020年末，杭州银行累计服务选择权贷款业务企业290家[②]。这些认股权在平台成立前已经进行了运作，并且进行手拉手交易。

表3-3 认股权的开展情况

股交中心和金融机构	认股权笔数	统计日期
北京股交中心	89	2024年7月
上海股交中心	24	2024年7月
浙江股交中心	未披露	2024年7月
江苏股交中心	未披露	2024年7月

资料来源：兴业研究。

二、经验借鉴

在国内开展认股权业务的银行当中，杭州银行较为典型。杭州银行自2009年开始探索科技金融，成立了浙江省首家科技支行，定位为服务科技企业和文创型企业；2013年形成选择权贷款产品开始推广；2016年成立科技文创金融事业部，为一级分行建制，下辖7家支行；2017年开始按期权业务开展认股权业务；2023年整合打造科创金融事业总部。

---

① "选择权贷款"再观察：建行在深圳签了1000家认股权[EB/OL].(2021-09-15)[2024-07-31].https://m.21jingji.com/article/20210915/herald/83e03804bc6cc52281e665669f7e8624.html.

② 丁峰.选择权贷款模式在商业银行经营中的实证研究——以杭州银行为例[J].浙江金融,2021(07):51-60.

杭州银行的认股权业务，是在经历了一段时间的探索之后，才逐步回归到"风险补偿"本质的。2013年到2016年，其认股权业务主要是收益替代的模式，也就是通过让渡利息收入来获得认股权。2017年以后，其选择权业务聚焦到风险补偿的本质，也就是不让渡利息收入，而是通过下沉客户获得选择权，将业务拓展到研发期甚至仍处于亏损阶段的科创企业，采用债、股结合的审批模式进行审批，通过选择权的预期收益来弥补信贷的预期损失。

从实际结果来看，杭州银行的选择权模式取得了良好回报。丁峰在《选择权贷款模式在商业银行经营中的实证研究——以杭州银行为例》中写道，截至2020年末，杭州银行累计服务290家选择权贷款企业，授信额度11.68亿元。在盈利方面，累计产生收益的项目47个（注：按上下文推测为认股权转出），累计收益4975万元；通过投资机构累计行权项目14个（注：按上下文推测为认股权行权），累计实缴3474万元。[①]

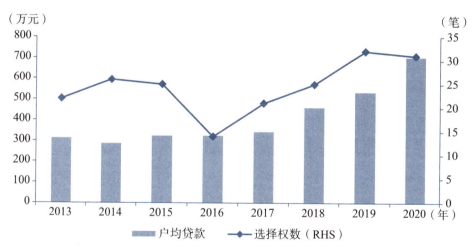

图3-11 杭州银行选择权贷款业务发展情况

资料来源：《选择权贷款模式在商业银行经营中的实证研究——以杭州银行为例》[②]，兴业研究。

① 丁峰.选择权贷款模式在商业银行经营中的实证研究——以杭州银行为例[J].浙江金融,2021,7:51-60.

② 丁峰.选择权贷款模式在商业银行经营中的实证研究——以杭州银行为例[J].浙江金融,2021,7:51-60.

认股权客户看起来有所下沉，但是实际上是经过筛选的下沉，所选择的企业具有很高的收入增长和估值增长的潜力。银行以信用贷款的方式为这类企业提供研发资金，风险较高；但如果企业研发成功，会带来估值提升，银行能够分享企业成长的红利，收获风险补偿。丁峰提到，从杭州银行2017年至2020年选择权退出的31家企业数据来看，户均销售收入的年化复合增长率为11%，户均估值的年化复合增长率为65%，户均净利润持续为负，并且亏损增幅有所扩大。之所以在企业尚未扭亏之前退出，有两方面原因，一方面银行的考核导向以即时兑现为主，另一方面企业下一轮融资前有清理老股的诉求。[①]

图3-12　杭州银行选择权退出客户的估值、营收和利润

资料来源：《选择权贷款模式在商业银行经营中的实证研究——以杭州银行为例》[②]，兴业研究。

三、落地关卡

认股权既然这么好，为什么银行难以批量开展呢？原因在于开展认股权相当

---

① 丁峰.选择权贷款模式在商业银行经营中的实证研究——以杭州银行为例[J].浙江金融,2021,7:51-60.

② 丁峰.选择权贷款模式在商业银行经营中的实证研究——以杭州银行为例[J].浙江金融,2021,7:51-60.

于新造一个"木桶",需要补齐"每一块木板"。认股权表面上看仅仅是一个产品,但背后是对细分市场的挖掘、技术方法的创新和部门组织的协作,具体难点主要体现在营销拓客、审查审批、流转退出、绩效计量和合同规范五个方面。

(一)营销拓客

认股权客群范围较小,机会窗口较难把握。认股权客群有两个"矛盾"的特征:一是这类企业有较强的成长性,未来企业的估值大概率能够提升,否则银行不会"要"认股权;二是当前这类企业的融资需求难以被满足,如果股权资金或信贷资金能够满足企业的融资需求,企业一般不会"给"认股权。由于认股权的客群兼具较强的成长性和融资缺口特征,因此该类客群数量较小,机会窗口较窄。一旦企业度过了这个融资缺口,进入到发展的快车道,就较难营销获得认股权。这要求业务人员既要有信贷业务的积累,又要有对一级市场的了解,才能识别出目标客户,把握住业务机会。

(二)审查审批

认股权企业的审批逻辑与传统信贷有很大不同,需要同时具备债权和股权两种思路。认股权的目标客户还处于"幼年期",财务数据和经营表现还相对薄弱,依靠传统信贷审批逻辑,很难给到大的额度。但是,认股权企业对资金的需求较高,约是当前企业估值的10%~20%。如果单纯从传统信贷的角度看,给到的额度和企业需求差距较大,很难营销获得认股权。对这类企业的审批需要对风险、收益进行综合把控,这要求审批人员同时具有债权和股权两种风险思路,并且能够将二者很好地融合。

(三)流转退出

认股权需要退出才能获得收益,交易撮合具有难度。信贷自放款之时即可以自动获得利息收入,而认股权自签署协议之时并不代表能够获得收益,还需要满足两个条件：一是企业股权能够升值，二是升值的认股权能够被卖掉。前者依赖于企业的经营能力，而后者依赖于银行的交易撮合能力。具有认股权交易撮合能力的部门往往是投行部门，并非营销该企业的客户经理。因此，要做好认股权的退出，需要在股权投资条线建立激励机制，鼓励具有"朋友圈"人脉的业务条线能够主动营销认股权。

（四）绩效计量

认股权绩效反映延迟，激励容易失灵。认股权的公允价值较难计算，因此，只有在转出后才能计入业绩，当年营销的认股权无法在当年计算业绩，来年如何计算业绩存在不确定性，这使得业务人员缺少积极性。在花费大量精力营销认股权客户后，如果客户未来增长的存贷款业绩不能归到当初的营销人员，也会影响业务人员的积极性。因此，这要求对业绩计量和考核规则进行综合设计，综合考虑认股权的短期激励与长期激励，以及与其他考核指标的关系。

（五）合同规范

认股权涉及期权人和公司股东的权利竞争，需要制定完善的合同规范。张艳在《认股期权新应用的法律规制——以市场化科创贷款的风险抵补为视角》中提到，认股权可能影响现有股东的持股比例，如果认股权来自增资创设的股权，需要告知潜在投资者，否则无法对抗其按实缴比例认缴出资的权利；如果来自原有股权的受继，也需要履行告知义务，否则认股权可能无法对抗其他股东的优先购买权；倘若公司章程明确规定不得对外设置期权，那么公司与银行签订的选择权有可能因为公司一方违反公司章程而被判定无效。[①]认股权涉及贷款违约情形之外的新的违规风险，需要充分法律研究和经验积累，制定标准化

---

① 张艳.认股期权新应用的法律规制——以市场化科创贷款的风险抵补为视角[J].金融法苑，2019(02)：152-165.

合同来进行规避。

四、实操方案

关于认股权在营销拓客、审查审批、流转退出、绩效计量和合同规范五个方面的难点，可通过如下方案应对。

（一）定位客群

通过事先定位好认股权的目标客群，能够降低客户搜寻和营销难度，并且提高退出的成功率。

从笔者的推断来看，结合认股权企业短期困难（否则企业不给认股权）、长期成长（否则银行不要认股权）这两个约束条件，认股权的目标客群可以被归纳为三类。

第一类是"怀才不遇"型的企业，即有潜力的初创期科技企业。 从企业角度看，企业已经获得了创业投资，但是仍然面临融资缺口，继续按当前市值进行融资会大量稀释股权，同时由于缺少历史业绩和抵押物，从银行也无法得到足够的贷款。企业有意愿以少量的股权期权来换取大额的信贷资金。从银行角度看，这类企业属于小微企业，一般需要在担保增信的条件下，依托小微线上融资系统给出信贷额度。如果叠加认股权（比如研发贷+认股权），那么银行可以针对科技小微中的优秀企业，给到高于普惠小微的信贷额度，从而抓住初创企业这一细分市场。

第二类是"大器晚成"型的企业，即发展未及预期的成长期科技企业。 从企业角度看，企业已经获得了知名投资机构的投资，但是与发展里程碑还有一定距离，尚未获得下一轮的融资，当前面临融资缺口。从银行角度看，这类企业的股权融资受到追捧，贷款竞争也很激烈，并不存在融资难、融资贵的问题，也不需要选择权。但是，这类企业其实不缺"小钱、短钱"，而是缺"大钱、长钱"。比如说企业需要2000万元两年期资金进行扩产，但是银行只能给到500万元一年期的贷款。同时，这类企业也面临"先有钱还是先有发展"的困境。只有企业发展后，投资机构才会继续投资；但只有继续投资，企业才能有钱发展。对于这个阶段的企业，如果叠加认股权，给到企业在额度和期限方面有竞争力的授信方案，企业也有意愿提供少量期权给到银行，银行也能建立针对这类成长期企业的差异化优势。

第三类是"落难王子"型的企业，即暂时遇到困难的成熟期科技企业。 从企业角度看，企业已经发展到一定阶段，但是尚未实现上市，同时受到行业景气度或融资环境的周期波动的影响，股权估值较上一轮有所下降。但是企业仍具备一定的核心竞争力，在行业下行期能够存活，并且所在行业仍然属于成长性行业，未来的市场规模还会突破前高。从银行角度看，这类企业所在的行业处于下行周期，贷款需要收缩。但是这类具备核心竞争力的企业如果能够坚持度过这一周期，在行业景气度恢复后，企业估值也能够迅速恢复。考虑到行业下行周期企业的谈判地位变弱，企业容易接受叠加认股权的信用贷款，那么银行伴随着企业的恢复，也能分享给企业雪中送炭的收益。

认股权的业务机会属于非公开、非共识的业务机会，贷前需要储备客群基数，贷中需要凭专业能力进行独立判断。 企业在寻找新一轮的股权融资是市场上的公开信息，但是企业能够接受认股权却是私有信息（或者企业还不知道有这个选择）。储备选择权客户的一个诀窍是：和当地的创投圈保持密切交流，及时汇总信息，更早建立联系。国信证券的研报《杭州银行：打造科创金融特色标签》中写道，**以杭州银行的生物医药团队为例，其覆盖了杭州和长三角地区的大量优质客群，在企业开始做研发时就介入了，需要股权融资时帮忙对接PE/VC，需要贷款时给予贷款支持，一直扶持到企业上市。**[①]

更深一步分析发现，认股权是非共识业务，业务的识别和决策需要聚焦专

---

① 田维韦，王剑，陈俊良．杭州银行：打造科创金融特色标签[R]．国信证券，2024．

业/行业的团队。以杭州银行为例，其认股权团队是按行业组织，而不是按条线组织，即一个团队由只看这个行业的信贷人员、投资人员和审查人员组成。换言之，团队的客户经理需要深耕这个行业，既懂银行信贷又懂资本市场，团队的审查人员也需要熟知这个行业，既批过贷款也批过股权。和企业有多家贷款行不同，一家企业一般只会接受一家银行的选择权，因此找到目标客户后，企业好不好需要自己判断，没有办法"抄作业"。如果按照信贷、投行、审查条线来组建团队，需要每个岗位都能看懂所有行业，很容易导致对行业认知的不足而不敢决策。

（二）专属审批

《关于支持银行业金融机构加大创新力度 开展科创企业投贷联动试点的指导意见》很好地归纳了选择权业务的审批要点。贷前调查方面，增加技术专利、研发能力、管理团队构成和管理能力、商业模式和市场前景等要素的考虑；贷中审查方面，建立单独的审批标准和审批流程，这需要配备专业团队；贷后检查方面，除直接对科创企业开展检查外，利用投资功能子公司等渠道掌握信息，将科创企业的成长性和后续融资能力等纳入评价要素。

《间接融资主导下金融如何支持科创企业》一文在认股权审批方面描述了操作层面的要点。[①]在企业评价方面，兼顾财务信息与非财务信息，既要考虑传统银行调查所涉及的财务因素，也要考虑行业、技术、团队、竞争对手等因素（非财务信息）。**在还款来源方面，将经营性现金流扩展为综合关注经营性现金流、股权融资现金流和政府补贴现金流等，**同时在经营性现金流方面，将其细化为从行业前景判断的宏观现金流，以及从订单的执行能力与回款能力判断的微观现金流。**在审批机制方面，**成立选择权项目评审小组，专职审查员在一线办公、靠近市场，重大项目由行业专家、信贷专家和投资专家联合评审。**在风险容忍**

---

① 丁锋,毛靖.间接融资主导下金融如何支持科创企业[J].银行家,2022(03):45-49.

方面，制定标准的、可识别的尽职免责清单，设定单独的风险容忍度和产品熔断阈值。

（三）科学激励

杭州银行科技金融的客户由一个客户经理服务到底，使业务人员能够分享到企业长期成长后的综合收益。这一制度的背后是"激励相容"。认股权企业的坏账率比传统信贷必然有所提高，付出的成本更大，银行之所以仍有动力，是因为能够分享好企业的认股权增值，以及好企业成长后的综合收入。业务人员之所以仍有动力，是因为能够分享认股权的增值，同时能够享受到企业成长后的业绩。科技小微可能经过数年积累才会成长为大企业，如果成长为大企业后转交其他分支机构或者业务人员负责，那么会导致当初营销时就不那么"起劲"。

杭州银行认股权升值部分与业务人员分享。杭州银行的认股权是三方模式，认股权的持有和行权由合作的私募股权基金来完成。如果企业股权升值，合作方会选择进行行权，并将升值部分与杭州银行分享，然后再对相关人员分配。

（四）创新考核

杭州银行针对认股权以团队为维度、实施差异化的考核机制。单笔认股权的收益有一定的不确定性，**通过以团队形式进行考核，能够降低个人收入的波动。**同时，认股权并非单一人员能够完成，需要信贷客户经理、股权投资专家以及行业专家共同参与，以团队方式考核，能够增加团队内部的合作，并且促进团队维度的竞争。同时，将认股权团队按单独序列管理，制定专属考核标准，适当弱化其他条线的考核指标，提高客户成长性的考核，能够使其专心服务具有高成长性的科技小微企业。

（五）预防违约

为了降低业务人员在营销时的谈判难度，同时避免未来可能引发的争议，

可以制定标准化的协议。在签订认股权协议时，不仅需要公司法人同意，还需要取得现有股东大会的同意，避免行权时触发现有股东的优先购买权、反稀释权或造成合同无效。同时，还需要充分考虑认股权对手方的违约情况，在合同中进行规避。

第四章

科技金融客户和行业分析

金融服务的核心在于"以客户为中心",故而厘清科技金融的客户范围,有助于明确业务边界、监控业务进度、引导资产投向。随着科技金融逐渐从"数砖头"的抵押模式转向"看发展"的信用模式,对科技认知能力的要求不断提升。但考虑到业务人员看懂每一个行业都需要较大精力,因此需要建立一个通用的产业竞争视角的行业分析框架,从而帮助业务人员快速看懂行业。

第一节　我国科技金融客户的界定

开展科技金融业务需要界定客户范围，以明确业务边界、监控业务进度、引导资产投向。科技金融的客户涵盖企业、政府、科研院所、高校、产业园区、零售客户和同业机构，本节重点讨论企业客户的界定。从业务分类看，科技金融的企业客户包括"科创标签企业"和"科技相关产业"两类。"科创标签企业"包括国家技术创新示范企业、制造业单项冠军企业、专精特新"小巨人"企业、专精特新中小企业、高新技术企业、科技型中小企业等七类经认定的主体。"科技相关产业"则覆盖高技术制造业、高技术服务业、战略性新兴产业和知识产权（专利）密集型产业四大领域。尽管两类口径均存在统计局限，但基于可操作性的角度看，仍然是较优的实践选择。

一、两种客户界定方法

界定科技金融客户有两种方法，分别是基于科技企业的界定方法和基于科技行业的界定方法。**基于科技企业的界定方法**是对"企业"进行界定。如果企业属于特定领域（高新技术领域）且满足特定财务指标（研发费用占比等），那么则认为该企业属于科技企业，实务中一般以"专精特新""小巨人""单项冠军"等"科创标签"作为依据。**基于科技行业的界定方法**是对企业所在的"行业"进行界定，选定行业下的企业均可以归入到科技金融。例如2024年1月工业和信息化部等七部门发布的《关于推动未来产业创新发展的实施意见》提到了"未来制造、未来信息、未来材料、未来能源、未来空间、未来健康"六个产业，2024年4月国家金融监督管理总局、工业和信息化部、国家发展改革委发布的《关于深化制造业金融服务 助力推进新型工业化的通知》提到了"信息技术、人工智能、物联网、车联网、生物技术、新材料、高端装备、航空航天"八个产业。这些产业均可以认为是科技产业，产业项下的企业均可以认为是科技金融的客户。中国人民银行办公厅2024年6月印发的《科技贷款统计制度（试行）》中将科技贷款统计内容定义为科技型企业贷款和科技行业贷款：科技型企业贷款方面，包括高新技术企业贷款、科技型中小企业贷款、专精特新中小企业贷款、专精特新"小巨人"企业贷款、制造业单项冠军企业贷款和国家技术创新示范企业贷款；科技相关产业贷款方面，包括高技术制造业贷款、高技术服务业贷款、战略性新兴产业贷款和知识产权（专利）密集型产业贷款四类。

表4-1　界定科技金融客户的两个方法

界定方法	判断依据	认定单位/数据来源
科技企业	企业是否获得"小巨人"、"专精特新"、高新技术企业等科创资质	工业和信息化部、各省工信厅、各省科技厅
科技行业	企业所在的国民经济行业是否属于科技行业	企业登记的国民经济行业分类

资料来源：兴业研究。

两个界定方法在统计上各有一定优缺点，因此同时使用是一个较为科学的方法。基于科技企业的界定方法具备较强的指导性，形成了从塔尖到塔基的企业层次分布，便于金融机构按图索骥开展业务，但是会出现弃真（少统计）和取伪（多统计）的问题。弃真方面，由于初创企业尚未取得科创标签，无法纳入科技金融范围，金融资本难以引导流向科技企业的中早期阶段；取伪方面，一些取得科创资质的企业实际上属于传统行业，或者本来属于新兴行业但是逐渐转为传统行业，这些企业被错误地纳入客户范围，使得金融资源配置偏离了推动科技进步的初衷。基于科技行业的界定方法能够引导金融资源投向科技行业下的涵盖初创阶段的全生命周期企业，但是同样也会出现弃真和取伪的问题。弃真方面，有些企业尽管主营业务属于科技行业，但是填写国民经济行业代码时没有准确填写，或者填写行业代码时仅填写到行业大类，没有填写到行业小类，导致按行业小类统计时这些企业被排除在外，从而无法获得科技金融服务；取伪方面，同一个国民经济行业小类中并非所有企业都专注于中高端产品，有些企业可能仍在生产低端产品，将这些企业纳入支持范围会导致金融资源在低水平上的重复投入。

尽管两类方法存在统计上的缺陷，但是从可操作性的角度看，可能是目前的次优选择。 科技企业和科技行业这两个口径，可以分别通过科创标签和国民经济行业分类来进行界定，有统一的标准，能够批量对企业进行操作，指导业务开展。

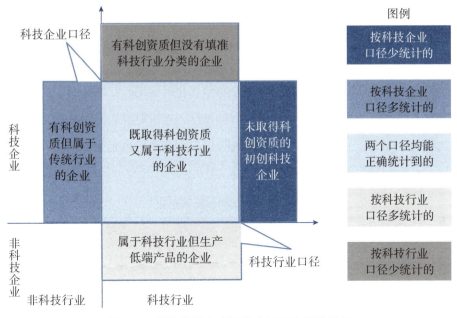

图4-1 科技金融客户的企业口径和行业口径

资料来源：兴业研究。

从科创金融到科技金融大文章，客户范围发生了变化：科创金融采用基于科技企业界定方法，科技金融采用基于科技企业和基于科技行业两个方法并行。 科创金融阶段，科技金融的客户通过"科创标签"来界定，"科创标签"包括国家技术创新示范企业、制造业单项冠军企业、专精特新"小巨人"企业、专精特新中小企业、科技型中小企业、创新型中小企业（部分口径下未包含创新型中小企业）和高新技术企业。进入到科技金融大文章阶段，客户范围除了这七类"科创标签企业"，还包括高技术制造业、高技术服务业、战略性新兴产业和知识产权（专利）密集型产业这四类"科技相关产业"的企业。

二、科创标签企业

"科创标签企业"包括国家技术创新示范企业、制造业单项冠军企业、专精特新"小巨人"企业、专精特新中小企业、创新型中小企业、高新技术企业、科技型中小企业这七类企业。其中，国家技术创新示范企业、制造业单项冠军企业、专精特新"小巨人"企业由工业和信息化部认定，专精特新中小企业由各省工信厅认定，高新技术企业由各省科技厅同本级财政、税务部门组成的认定小组进行认定，创新型中小企业和科技型中小企业均由企业自评，分别由各省工信厅和科技厅组织实施。

表4-2　七类科创标签企业

科创标签	认定单位	政策文件
国家技术创新示范企业	工业和信息化部	《技术创新示范企业认定管理办法（试行）》（工信部联科〔2010〕540号）
制造业单项冠军企业	工业和信息化部	《制造业单项冠军企业培育提升专项行动实施方案》（工信部产业〔2016〕105号）
专精特新"小巨人"企业	工业和信息化部	《优质中小企业梯度培育管理暂行办法》（工信部企业〔2022〕63号）
专精特新中小企业	各省工信厅	
创新型中小企业	企业自评、省工信厅组织	
高新技术企业	各省科技厅同本级财政、税务部门	《高新技术企业认定管理工作指引》（国科发火〔2016〕32号）

续表

科创标签	认定单位	政策文件
科技型中小企业	企业自评、省科技厅组织	《科技型中小企业评价办法》（国科发政〔2017〕115号）

资料来源：兴业研究。

按照认定标准要求，科创标签企业形成了金字塔式的企业梯队。 从塔尖到塔基依次是国家技术创新示范企业、制造业单项冠军企业、专精特新"小巨人"企业、专精特新中小企业、创新型中小企业、科技型中小企业。高新技术企业较难在层级分布中体现，原因是其认定标准与上述六类不存在顺次关系。其中：

国家技术创新示范企业，技术创新能力较强、创新业绩显著、具有重要示范和导向作用。根据工业和信息化部国家技术创新示范企业专栏的认定和复核企业名单核算，截至2024年底，国家技术创新示范企业总计841家。

制造业单项冠军企业长期专注于产业链某一环节或某一产品领域、单项产品市占率能位居全球前三。截至2024年底，我国制造业单项冠军企业总共遴选培育1557家。[1]

专精特新"小巨人"企业位于产业基础核心领域、产业链关键环节，创新能力突出、掌握核心技术、细分市场占有率高、质量效益好，是优质中小企业的核心力量。专精特新中小企业具备专业化、精细化、特色化、新颖化优势，创新能力强、质量效益好，是优质中小企业的中坚力量。截至2024年11月，我国累计培育专精特新中小企业超过14万家、专精特新"小巨人"企业1.46万家。[2]

创新型中小企业是创新能力强、成长能力好的中小企业，是优质中小企业

---

[1]　我国已培育遴选出8批共1557家制造业单项冠军企业[EB/OL].(2024-05-15)[2024-12-31].http://finance.people.com.cn/n1/2024/0515/c1004-40236660.html.

[2]　我国累计培育专精特新"小巨人"企业1.46万家[EB/OL].(2024-11-16)[2024-12-31].https://www.gov.cn/yaowen/liebiao/202411/content_6987511.htm.

的基础力量。

科技型中小企业是指依托一定数量的科技人员从事科学技术研究开发活动，取得自主知识产权并将其转化为高新技术产品或服务，从而实现可持续发展的中小企业。

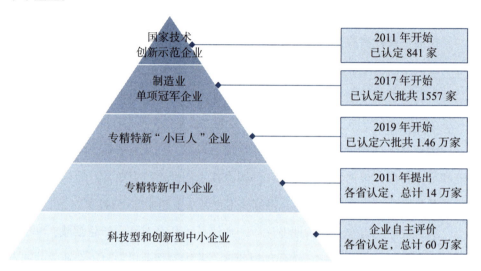

图4-2 科创标签企业的梯队分布

注：统计汇总时间为2024年12月。
资料来源：人民网等网站，兴业研究。

科创标签企业按照上述顺序进行分层，是由于其科创标签认定时所内含的定量和定性要求。例如国家技术创新示范企业，强调企业的核心竞争力，因此要求其技术水平在同业领先，并且取得良好的财务表现。从单项冠军到"小巨人"，更多强调企业在市场中的地位，例如单项冠军要从事相关领域超过10年、市占率位居全球前三，"小巨人"要超过3年、国内市占率大于10%。从"小巨人"到专精特新再到创新型中小企业，强调研发和市值产权对中小企业发展的重要性，相关要求条件依次调整。

从这七类科创标签企业的具体指标排布来看，政策首先鼓励企业从事科技行业（高新技术领域），鼓励进行研发（研发投入、专利数量），进而取得市场表现（市占率），最终形成核心竞争力（稳定的财务表现）。

表4-3　影响科创标签企业梯队分布的认定指标

科创标签企业	财务要求/评分要求	成立年限	市占率	技术/专利	研发投入
国家技术创新示范企业	近3年来连续盈利,销售收入和利润总额稳定上升 销售收入>3000万元,资产总额>4000万元			整体技术水平在同行业领先	研发费用占比>3%
制造业单项冠军企业	利润率超过同期同行业企业的总体水平	从事相关领域>10年,属于新产品>3年	市场占有率位居全球前三	关键性能指标处于国际同类产品的领先水平	
专精特新"小巨人"企业	营收>5000万元,或者满足股权融资条件	从事特定细分市场时间>3年	国内细分市场市占率>10%	拥有2项以上与主导产品相关的Ⅰ类知识产权	研发费用占比>3%/6%(根据营收变化)
专精特新中小企业	营收>1000万元或满足股权融资条件;评分>60	从事特定细分市场时间>2年			研发费用>100万元且研发费用占比>3%
高新技术企业	高新技术产品(服务)收入占比>60%	成立时间>1年	属于《国家重点支持的高新技术领域》	具有知识产权	研发费用占比>3%/4%/5%(根据营收变化)
创新型中小企业	评分>60				
科技型中小企业	评分>60				

资料来源:《优质中小企业梯度培育管理暂行办法》等政策,兴业研究。

三、科技相关产业

"科技相关产业"包括高技术制造业、高技术服务业、战略性新兴产业和知识产权（专利）密集型产业这四类产业。《科技贷款统计制度（试行）》中提到，科技相关产业贷款包括高技术制造业贷款、高技术服务业贷款、战略性新兴产业贷款和知识产权（专利）密集型产业贷款，也就是说，这四个产业分类中包含的国民经济行业均属于科技相关行业。

表4-4　四类科技相关产业

科技相关产业	行业分类标准
高技术制造业	《高技术产业（制造业）分类（2017）》（国统字〔2017〕200号）
高技术服务业	《高技术产业（服务业）分类（2018）》（国统字〔2018〕53号）
战略性新兴产业分类	《战略性新兴产业分类（2018）》（国家统计局令第23号）
知识产权（专利）密集型产业	《知识产权（专利）密集型产业统计分类（2019）》（国家统计局令第25号）

资料来源：《科技贷款统计制度（试行）》，兴业研究。

这四类产业分类是在《国民经济行业分类》的基础上进行的二次分类。国民经济行业分类将经济活动分为四个层级，行业代码由一位字母和四位数字构成。字母表示门类，前两位数字为大类，第三位数字为中类，第四位数字为小类。通过对国标行业小类按照一定规则进行重新排布，构成了新的产业分类和统计标准。

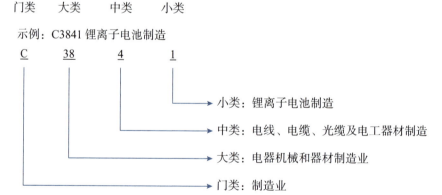

图4-3　国民经济行业分类说明

资料来源：国家统计局，兴业研究。

其中，《高技术产业（制造业）分类（2017）》和《知识产权（专利）密集型产业统计分类（2019）》与国民经济行业小类是完全的包含关系。《高技术产业（制造业）分类（2017）》总共纳入了85个制造业行业小类，以行业的R&D投入强度为界定标准。《知识产权（专利）密集型产业统计分类（2019）》总共纳入了188个国民经济行业小类，纳入标准需要满足三个条件中的一个：一是行业发明专利规模和密集度均高于全国平均水平；二是行业发明专利规模和R&D投入强度高于全国平均水平，且属于战略性新兴产业、高技术制造业、高技术服务业；三是行业发明专利密集度和R&D投入强度高于全国平均水平，且属于战略性新兴产业、高技术制造业、高技术服务业。这两个分类标准中的国民经济行业小类，均可以齐整地对应到国民经济行业小类中。

但是，《战略性新兴产业分类（2018）》和《高技术产业（服务业）分类（2018）》与国民经济行业小类不是严格的包含关系，国民经济行业小类下的企业并非全部属于战略性新兴产业和高技术服务业。战略性新兴产业包括新一代信息技术产业、高端装备制造产业、新材料产业、生物产业、新能源汽车产业、新能源产业、节能环保产业、数字创意产业、相关服务业九大领域。如果国民经济某行业类别中仅部分活动属于战略性新兴产业，则在行业代码后加"*"做标识。在《战略性新兴产业分类（2018）》涵盖的489个国民经济行业中，不加"*"的行业有124个，占比约25%；也就是说75%的行业都无法齐整地对应到战略性新兴产业。《高技术产业（服务业）分类（2018）》的齐整度相对较高，涵盖的97个行业小类中，不加"*"的行业有90个。

对这四类产业分类进行合并可以得出，1382个国民经济行业小类中有592个国民经济行业小类属于科技金融的客户范畴。其中，314个国民经济行业小类全部属于科技金融客户，278个国民经济行业小类部分属于科技金融客户。

这278个国民经济行业小类，有可能造成科技金融业务口径的泛化。例如《战略性新兴产业分类（2018）》在"7.3.3工业固体废物、废气、废液回收和资源化利用"中提到"151*酒的制造"，其本意是酒类制造企业中，涉及"酿酒企业废水综合利用和酒糟及其他固体废弃物综合利用"的这部分活动，属于战略性新兴产业。尽管酒类制造企业都包含这部分活动，但是其并非企业的主营业务。是否根据酒厂进行了废水综合利用，将酒厂纳入科技金融的客户范围，存在相当大的模糊性。这一问题在煤炭、纺织、皮革制鞋、造纸、非金属、黑色金属、有色金属等行业大类中同样存在。

表4-5　战略性新兴产业对应的国民经济行业示例

战略性新兴产业	国民经济行业代码和名称	重点产品和服务
7.3.3工业固体废物、废气、废液回收和资源化利用	151*酒的制造	酿酒企业废水综合利用 酒糟及其他固体废弃物综合利用
	06*煤炭开采和洗选业	煤炭企业废气综合利用 煤矸石综合利用 粉煤灰综合利用 矿井水综合利用
	17*纺织业	印染、漂白企业废水综合利用
	19*皮革、毛皮、羽毛及其制品和制鞋业	制革加工固体废弃物综合利用 制革加工废水综合利用
	22*造纸和纸制品业	造纸企业废水综合利用 碱回收白泥综合利用 废水污泥、脱墨污泥综合利用
7.3.3工业固体废物、废气、废液回收和资源化利用	30*非金属矿物制品业	建材企业废气综合利用
	31*黑色金属冶炼和压延加工业	钢铁企业冶炼废气、废渣综合利用 锰渣综合利用
	32*有色金属冶炼和压延加工业	有色金属企业废气综合利用 有色冶炼渣综合利用 表面处理废液综合利用

资料来源：《战略性新兴产业分类（2018）》，兴业研究。

第二节　兴业研究科技行业分类

为了更好地指导和考核科技金融业务的发展情况，将金融资源引导到对推动科技发展最关键、最核心的产业上，兴业研究编制了《兴业研究科技行业分类》。《兴业研究科技行业分类》以《国民经济行业分类》为基础，借鉴了《工业战略性新兴产业分类（2023）》《高技术产业（制造业）分类（2017）》《高技术产业（服务业）分类（2018）》《知识产权（专利）密集型产业统计分类（2019）》四个与科技相关的行业分类，并结合行业研究员的判断，从1382个国民经济小类行业中，筛选出了425个科技行业小类，并整理成为12个科技一级行业（涵盖TMT、新材料、医药、高端装备、汽车、锂电池、交通运输、新能源、节能环保、创新消费、生物农业、科技服务）和49个科技二级行业（包括半导体、智能终端、医疗器械、航空航天、机器人等行业）。《兴业研究科技行业分类》的优势在于以产业竞争视角将科技行业相关标准整合为一套标准，并且解决了细分行业颗粒度不足导致的统计泛化。

一、定义与范围

对于科技行业，我们将其定义为科技含量高、符合新质生产力导向、建议纳入科技金融统计范畴的行业集合。我们编制的科技行业分类中，一级科技行业包括：TMT、医药、新能源、新材料、汽车、锂电池、高端装备、交通运输、节能环保、创新消费、生物农业、科技服务12个。进一步将科技行业细分，二级科技行业包括：半导体、智能终端、新型显示、通信、电子元器件、软件、互联网、传媒、化学药、生物药、中药、兽药、医疗器械、医药研发、电力设备、电网与储能、光伏、风电、核电、生物质能、化工新材料、无机非金属新材料、有色金属新材料、钢铁新材料、汽车整车、汽车零部件、锂电池、航空航天、机器人、机床、仪器仪表、轨道交通、通用设备、专用设备、工程机械、农业机械、金属制品、现代物流、船舶、通用航空、节能、环保、智能家居、日化、农化助剂、生物育种、研究试验、技术服务、技术推广49个。

表4-6 《兴业研究科技行业分类》的行业结构

科技行业（一级行业）	科技行业（二级行业）
TMT	半导体
	智能终端
	新型显示
	通信
	电子元器件
	软件
	互联网
	传媒
医药	化学药
	生物药
	中药
	兽药
	医疗器械
	医药研发
新能源	电力设备
	电网与储能
	光伏
	风电
	核电
	生物质能
新材料	化工新材料
	无机非金属新材料
	有色金属新材料
	钢铁新材料
汽车	汽车整车
	汽车零部件
锂电池	锂电池
高端装备	航空航天
	机器人
	机床

科技行业（一级行业）	科技行业（二级行业）
高端装备	仪器仪表
	轨道交通
	通用设备
	专用设备
	工程机械
	农业机械
	金属制品
交通运输	现代物流
	船舶
	通用航空
节能环保	节能
	环保
创新消费	智能家居
	日化
生物农业	农化助剂
	生物育种
科技服务	研究试验
	技术服务
	技术推广

资料来源：兴业研究。

二、编制原则

以《国民经济行业分类》为基础。《兴业研究科技行业分类》依据《国民经济行业分类》（GB/T 4754—2017），对其中符合科技金融产业特征的国民经济行业小类进行再分类。

借鉴现有标准。《兴业研究科技行业分类》借鉴了《工业战略性新兴产业分类（2023）》《高技术产业（制造业）分类（2017）》《高技术产业（服务业）分类（2018）》《知识产权（专利）密集型产业统计分类（2019）》四个科技相关的行业标准。

结合研究员判断。本分类根据兴业研究行业研究员对行业的判断，添加了符合科技行业范畴但未被纳入上述四套分类标准的国民经济行业小类；删除了属于上述四套行业分类标准但科技行业的经济活动占比较小的国民经济行业小类。国民经济行业小类的添加和删除是基于大多数原则，即若国民经济行业小类下大部分企业具备科技属性，则判断整个国民经济行业小类属于科技行业，反之，若国民经济行业小类下大部分企业不具备科技属性，则认为整个国民经济行业小类均不属于科技行业。

确保可操作性。《国民经济行业分类》（GB/T 4754—2017）行业小类与《兴业研究科技行业分类》是一对一或多对一的关系，以便于批量地将企业归属到唯一的科技行业类别中。在出现一对多和多对多的情况时，将国民经济行业小类归属到占比最高的科技行业分类中。

三、科技行业分类

《兴业研究科技行业分类》包含12个科技一级行业、49个科技二级行业，总共涵盖1382个国民经济行业小类中的425个。下表是科技行业分类的详细目录。

表4-7 《兴业研究科技行业分类》

科技一级行业	科技二级行业	国民经济行业代码	国民经济行业名称
TMT	半导体	3562	半导体器件专用设备制造
		3972	半导体分立器件制造
		3973	集成电路制造
		6520	集成电路设计
	智能终端	3911	计算机整机制造
		3913	计算机外围设备制造

科技一级行业	科技二级行业	国民经济行业代码	国民经济行业名称
TMT	智能终端	3915	信息安全设备制造
		3919	其他计算机制造
		3922	通信终端设备制造
		3931	广播电视节目制作及发射设备制造
		3932	广播电视接收设备制造
		3933	广播电视专用配件制造
		3934	专业音响设备制造
		3939	应用电视设备及其他广播电视设备制造
		3940	雷达及配套设备制造
		3951	电视机制造
		3952	音响设备制造
		3953	影视录放设备制造
		3961	可穿戴智能设备制造
		3962	智能车载设备制造
		3963	智能无人飞行器制造
		3969	其他智能消费设备制造
		3990	其他电子设备制造
	新型显示	3974	显示器件制造
		3975	集成电路照明器件制造
	通信	3832	光纤制造
		3833	光缆制造
		3921	通信系统设备制造
		3976	光电子器件制造
		6311	固定电信服务
		6312	移动电信服务
		6319	其他电信服务
	电子元器件	3912	计算机零部件制造
		3971	电子真空器件制造
		3979	其他电子器件制造

科技一级行业	科技二级行业	国民经济行业代码	国民经济行业名称
TMT	电子元器件	3981	电阻电容电感元件制造
		3982	电子电路制造
		3983	敏感元件及传感器制造
		3984	电声器件及零件制造
		3985	电子专用材料制造
		3989	其他电子元件制造
	软件	6511	基础软件开发
		6512	支撑软件开发
		6513	应用软件开发
		6519	其他软件开发
		6531	信息系统集成服务
		6532	物联网技术服务
		6540	运行维护服务
		6550	信息处理和存储支持服务
		6560	信息技术咨询服务
		6571	地理遥感信息服务
		6572	动漫、游戏数字内容服务
		6579	其他数字内容服务
	互联网	5292	互联网零售
		6410	互联网接入及相关服务
		6421	互联网搜索服务
		6422	互联网游戏服务
		6429	互联网其他信息服务
		6431	互联网生产服务平台
		6432	互联网生活服务平台
		6433	互联网科技创新平台
		6434	互联网公共服务平台
		6439	其他互联网平台
		6440	互联网安全服务

科技一级行业	科技二级行业	国民经济行业代码	国民经济行业名称
TMT	互联网	6450	互联网数据服务
		6490	其他互联网服务
		6591	呼叫中心
		6599	其他未列明信息技术服务业
		6930	非金融机构支付服务
	传媒	6321	有线广播电视传输服务
		6322	无线广播电视传输服务
		6331	广播电视卫星传输服务
		6339	其他卫星传输服务
		8625	电子出版物出版
		8626	数字出版
		8710	广播
		8720	电视
		8740	广播电视集成播控
		8890	其他文化艺术业
医药	化学药	2710	化学药品原料药制造
		2720	化学药品制剂制造
	生物药	2761	生物药品制造
		2762	基因工程药物和疫苗制造
	中药	2730	中药饮片加工
		2740	中成药生产
	兽药	2750	兽用药品制造
	医疗器械	2770	卫生材料及医药用品制造
		2780	药用辅料及包装材料制造
		3581	医疗诊断、监护及治疗设备制造
		3582	口腔科用设备及器具制造
		3583	医疗实验室及医用消毒设备和器具制造
		3584	医疗、外科及兽医用器械制造
		3585	机械治疗及病房护理设备制造

科技一级行业	科技二级行业	国民经济行业代码	国民经济行业名称
医药	医疗器械	3586	康复辅具制造
		3589	其他医疗设备及器械制造
	医药研发	7340	医学研究和试验发展
新能源	电力设备	3811	发电机及发电机组制造
		3821	变压器、整流器和电感器制造
		3822	电容器及其配套设备制造
		3823	配电开关控制设备制造
		3824	电力电子元器件制造
		3829	其他输配电及控制设备制造
		3831	电线、电缆制造
		3839	其他电工器材制造
		4411	火力发电
		4412	热电联产
		4413	水力发电
		4419	其他电力生产
	电网与储能	3843	铅蓄电池制造
		3849	其他电池制造
		3862	太阳能器具制造
		4420	电力供应
	光伏	3825	光伏设备及元器件制造
		4416	太阳能发电
	风电	3415	风能原动设备制造
		4415	风力发电
	核电	2530	核燃料加工
		4120	核辐射加工
		4414	核力发电
	生物质能	4417	生物质能发电
		4520	生物质燃气生产和供应业

科技一级行业	科技二级行业	国民经济行业代码	国民经济行业名称
新材料	化工新材料	2523	煤制液体燃料生产
		2529	其他煤炭加工
		2541	生物质液体燃料生产
		2542	生物质致密成型燃料加工
		2612	无机碱制造
		2613	无机盐制造
		2614	有机化学原料制造
		2619	其他基础化学原料制造
		2641	涂料制造
		2642	油墨及类似产品制造
		2643	工业颜料制造
		2645	染料制造
		2646	密封用填料及类似品制造
		2651	初级形态塑料及合成树脂制造
		2652	合成橡胶制造
		2653	合成纤维单（聚合）体制造
		2659	其他合成材料制造
		2661	化学试剂和助剂制造
		2662	专项化学用品制造
		2663	林产化学产品制造
		2664	文化用信息化学品制造
		2665	医学生产用信息化学品制造
		2666	环境污染处理专用药剂材料制造
		2669	其他专用化学产品制造
		2821	锦纶纤维制造
		2822	涤纶纤维制造
		2823	腈纶纤维制造
		2824	维纶纤维制造
		2825	丙纶纤维制造

续表

科技一级行业	科技二级行业	国民经济行业代码	国民经济行业名称
新材料	化工新材料	2826	氨纶纤维制造
		2829	其他合成纤维制造
		2831	生物基化学纤维制造
		2832	生物基、淀粉基新材料制造
		2919	其他橡胶制品制造
		2921	塑料薄膜制造
		2922	塑料板、管、型材制造
		2926	塑料包装箱及容器制造
		2927	日用塑料制品制造
		2929	塑料零件及其他塑料制品制造
	无机非金属新材料	3042	特种玻璃制造
		3051	技术玻璃制品制造
		3061	玻璃纤维及制品制造
		3062	玻璃纤维增强塑料制品制造
		3073	特种陶瓷制品制造
		3082	云母制品制造
		3089	耐火陶瓷制品及其他耐火材料制造
		3091	石墨及碳素制品制造
		3099	其他非金属矿物制品制造
	有色金属新材料	3212	铅锌冶炼
		3214	锡冶炼
		3215	锑冶炼
		3216	铝冶炼
		3219	其他常用有色金属冶炼
		3221	金冶炼
		3222	银冶炼
		3229	其他贵金属冶炼
		3231	钨钼冶炼
		3232	稀土金属冶炼

续表

科技一级行业	科技二级行业	国民经济行业代码	国民经济行业名称
新材料	有色金属新材料	3239	其他稀有金属冶炼
		3240	有色金属合金制造
		3251	铜压延加工
		3252	铝压延加工
		3253	贵金属压延加工
		3254	稀有稀土金属压延加工
		3259	其他有色金属压延加工
	钢铁新材料	3130	钢压延加工
		3140	铁合金冶炼
汽车	汽车整车	3611	汽柴油车整车制造
		3612	新能源车整车制造
		3630	改装汽车制造
		3650	电车制造
	汽车零部件	2911	轮胎制造
		3620	汽车用发动机制造
		3660	汽车车身、挂车制造
		3670	汽车零部件及配件制造
		3842	镍氢电池制造
锂电池	锂电池	3841	锂离子电池制造
高端装备	航空航天	3741	飞机制造
		3742	航天器及运载火箭制造
		3743	航天相关设备制造
		3744	航空相关设备制造
		3749	其他航空航天器制造
		4343	航空航天器修理
	机器人	3453	齿轮及齿轮减、变速箱制造
		3491	工业机器人制造
		3492	特殊作业机器人制造
		3813	微特电机及组件制造

科技一级行业	科技二级行业	国民经济行业代码	国民经济行业名称
高端装备	机器人	3964	服务消费机器人制造
		4011	工业自动控制系统装置制造
	机床	3321	切削工具制造
		3421	金属切削机床制造
		3422	金属成形机床制造
		3423	铸造机械制造
		3424	金属切割及焊接设备制造
		3425	机床功能部件及附件制造
		3429	其他金属加工机械制造
	仪器仪表	4012	电工仪器仪表制造
		4013	绘图、计算及测量仪器制造
		4014	实验分析仪器制造
		4015	试验机制造
		4016	供应用仪器仪表制造
		4019	其他通用仪器制造
		4021	环境监测专用仪器仪表制造
		4022	运输设备及生产用计数仪表制造
		4023	导航、测绘、气象及海洋专用仪器制造
		4024	农林牧渔专用仪器仪表制造
		4025	地质勘探和地震专用仪器制造
		4026	教学专用仪器制造
		4027	核子及核辐射测量仪器制造
		4028	电子测量仪器制造
		4029	其他专用仪器制造
		4040	光学仪器制造
		4090	其他仪器仪表制造业
		4350	电气设备修理
		4360	仪器仪表修理

续表

科技一级行业	科技二级行业	国民经济行业代码	国民经济行业名称
高端装备	轨道交通	3711	高铁车组制造
		3712	铁路机车车辆制造
		3714	高铁设备、配件制造
		3715	铁路机车车辆配件制造
		3716	铁路专用设备及器材、配件制造
		3720	城市轨道交通设备制造
		4341	铁路运输设备修理
	通用设备	3411	锅炉及辅助设备制造
		3412	内燃机及配件制造
		3413	汽轮机及辅机制造
		3419	其他原动设备制造
		3441	泵及真空设备制造
		3442	气体压缩机械制造
		3443	阀门和旋塞制造
		3444	液压动力机械及元件制造
		3445	液力动力机械及元件制造
		3446	气压动力机械及元件制造
		3451	滚动轴承制造
		3459	其他传动部件制造
		3461	烘炉、熔炉及电炉制造
		3462	风机、风扇制造
		3463	气体、液体分离及纯净设备制造
		3464	制冷、空调设备制造
		3466	喷枪及类似器具制造
		3467	包装专用设备制造
		3481	金属密封件制造
		3484	机械零部件加工
		3489	其他通用零部件制造
		3493	增材制造装备制造

科技一级行业	科技二级行业	国民经济行业代码	国民经济行业名称
高端装备	通用设备	3499	其他未列明通用设备制造业
		3812	电动机制造
		3891	电气信号设备装置制造
		3899	其他未列明电气机械及器材制造
		3914	工业控制计算机及系统制造
		4320	通用设备修理
	专用设备	3471	电影机械制造
		3472	幻灯及投影设备制造
		3473	照相机及器材制造
		3474	复印和胶印设备制造
		3475	计算器及货币专用设备制造
		3479	其他文化、办公用机械制造
		3511	矿山机械制造
		3512	石油钻采专用设备制造
		3513	深海石油钻探设备制造
		3516	冶金专用设备制造
		3521	炼油、化工生产专用设备制造
		3522	橡胶加工专用设备制造
		3523	塑料加工专用设备制造
		3524	木竹材加工机械制造
		3529	其他非金属加工专用设备制造
		3531	食品、酒、饮料及茶生产专用设备制造
		3532	农副食品加工专用设备制造
		3542	印刷专用设备制造
		3544	制药专用设备制造
		3546	玻璃、陶瓷和搪瓷制品生产专用设备制造
		3551	纺织专用设备制造
		3561	电工机械专用设备制造
		3563	电子元器件与机电组件设备制造

科技一级行业	科技二级行业	国民经济行业代码	国民经济行业名称
高端装备	专用设备	3569	其他电子专用设备制造
		3591	环境保护专用设备制造
		3592	地质勘查专用设备制造
		3595	社会公共安全设备及器材制造
		3596	交通安全、管制及类似专用设备制造
		3597	水资源专用机械制造
		3599	其他专用设备制造
		3791	潜水装备制造
		3792	水下救捞装备制造
		4330	专用设备修理
	工程机械	3431	轻小型起重设备制造
		3432	生产专用起重机制造
		3433	生产专用车辆制造
		3434	连续搬运设备制造
		3439	其他物料搬运设备制造
		3514	建筑工程用机械制造
		3515	建筑材料生产专用机械制造
		3517	隧道施工专用机械制造
	农业机械	3571	拖拉机制造
		3572	机械化农业及园艺机具制造
		3574	畜牧机械制造
		3575	渔业机械制造
		3579	其他农、林、牧、渔业机械制造
	金属制品	3311	金属结构制造
		3312	金属门窗制造
		3332	金属压力容器制造
		3340	金属丝绳及其制品制造
		3351	建筑、家具用金属配件制造
		3352	建筑装饰及水暖管道零件制造

科技一级行业	科技二级行业	国民经济行业代码	国民经济行业名称
高端装备	金属制品	3360	金属表面处理及热处理加工
		3389	其他金属制日用品制造
		3391	黑色金属铸造
		3392	有色金属铸造
		3393	锻件及粉末冶金制品制造
		3399	其他未列明金属制品制造
交通运输	现代物流	5810	多式联运
		6020	快递服务
	船舶	3731	金属船舶制造
		3733	娱乐船和运动船制造
		3734	船用配套设备制造
		3735	船舶改装
		3737	海洋工程装备制造
	通用航空	5621	通用航空生产服务
		5622	观光游览航空服务
		5623	体育航空运动服务
		5629	其他通用航空服务
		5632	空中交通管理
节能环保	节能	4210	金属废料和碎屑加工处理
		4220	非金属废料和碎屑加工处理
		4430	热力生产和供应
	环保	4620	污水处理及其再生利用
		4630	海水淡化处理
		4690	其他水的处理、利用与分配
		7721	水污染治理
		7722	大气污染治理
		7723	固体废物治理
		7724	危险废物治理
		7725	放射性废物治理

科技一级行业	科技二级行业	国民经济行业代码	国民经济行业名称
节能环保	环保	7726	土壤污染治理与修复服务
		7727	噪声与振动控制服务
		7729	其他污染治理
创新消费	智能家居	3844	锌锰电池制造
		3851	家用制冷电器具制造
		3852	家用空气调节器制造
		3853	家用通风电器具制造
		3854	家用厨房电器具制造
		3855	家用清洁卫生电器具制造
		3856	家用美容、保健护理电器具制造
		3857	家用电力器具专用配件制造
		3861	燃气及类似能源家用器具制造
		3869	其他非电力家用器具制造
		3871	电光源制造
		3872	照明灯具制造
		3873	舞台及场地用灯制造
		3874	智能照明器具制造
		3879	灯用电器附件及其他照明器具制造
	日化	2682	化妆品制造
		2684	香料、香精制造
生物农业	农化助剂	2624	复混肥料制造
		2625	有机肥料及微生物肥料制造
		2631	化学农药制造
		2632	生物化学农药及微生物农药制造
	生物育种	0511	种子种苗培育活动
		0531	畜牧良种繁殖活动
科技服务	研究试验	7310	自然科学研究和试验发展
		7320	工程和技术研究和试验发展
		7330	农业科学研究和试验发展

科技一级行业	科技二级行业	国民经济行业代码	国民经济行业名称
科技服务	技术服务	7231	律师及相关法律服务
		7239	其他法律服务
		7295	信用服务
		7410	气象服务
		7420	地震服务
		7431	海洋气象服务
		7432	海洋环境服务
		7439	其他海洋服务
		7441	遥感测绘服务
		7449	其他测绘地理信息服务
		7451	检验检疫服务
		7452	检测服务
		7453	计量服务
		7454	标准化服务
		7455	认证认可服务
		7459	其他质检技术服务
		7461	环境保护监测
		7462	生态资源监测
		7463	野生动物疫源疫病防控监测
		7471	能源矿产地质勘查
		7472	固体矿产地质勘查
		7473	水、二氧化碳等矿产地质勘查
		7474	基础地质勘查
		7475	地质勘查技术服务
		7481	工程管理服务
		7482	工程监理服务
		7483	工程勘察活动
		7484	工程设计活动
		7485	规划设计管理

续表

科技一级行业	科技二级行业	国民经济行业代码	国民经济行业名称
科技服务	技术服务	7486	土地规划服务
		7491	工业设计服务
		7492	专业设计服务
	技术推广	7511	农林牧渔技术推广服务
		7512	生物技术推广服务
		7513	新材料技术推广服务
		7514	节能技术推广服务
		7515	新能源技术推广服务
		7516	环保技术推广服务
		7517	三维（3D）打印技术推广服务
		7519	其他技术推广服务
		7520	知识产权服务
		7530	科技中介服务
		7540	创业空间服务
		7590	其他科技推广服务业

资料来源：兴业研究。

四、添加和删除说明

科技行业分类中的"科技"是所有行业中都可能具有的元素，其分布并不完全对应于所参照的四个产业分类。《高技术产业（制造业）分类（2017）》《高技术产业（服务业）分类（2018）》《知识产权（专利）密集型产业统计分类（2019）》以研发强度为依据，但是直接采用这三个分类作为科技行业分类，会使涵盖的国民经济行业偏少。原因是国民经济行业分类的颗粒度较粗、对新产业结构的更新较慢。新出现的细分行业没有可以直接对应的国民经济行业小类，只能挂在近似的国民经济行业小类上，一个国民经济行业小类下实际上包含了多个行业，这使得国民经济行业小类内部虽然有科技行业，但是研发强度指标被平均了，导致没有被选上。《工业战略性新兴产业分类（2023）》是以产品来界定，直接采用这个分类作为科技行业分类，会使涵盖的国民经济行业过多。以"3011水泥制造行业"为例，在《战略性新兴产业分类（2018）》中采用"3011*"的描述，表示3011项下仅部分产品（低碳水泥、高渗漏水泥等）属于战略性新兴产业，而不是整个3011行业可以划归到战略性新兴产业，当然3011行业也不应被纳入科技行业。考虑到《工业战略性新兴产业分类（2023）》对《战略性新兴产业分类（2018）》进行了一定更新，因此未借鉴《战略性新兴产业分类（2018）》。

因此，《兴业研究科技行业分类》是在国家现有科技相关的四个产业分类基础上，进行了添加和删除。

添加了22个国民经济行业小类。考虑到科学技术的发展是动态的，新技术的出现和现有技术的演进使得行业也会发生变化，因此对科技行业分类也需要与时俱进。有的行业添加是因为行业本身具备科技行业的特征，例如3650电车制造、5292互联网零售、4120核辐射加工，有的行业添加是因为虽然行业是传统行业，但是出现了新的科技趋势，例如4413水力发电行业包含了抽水蓄能、3715铁路机车车辆配件制造包含了高铁核心部件，通用航空的四个国民经济小类与低空经济相关。

表4-8 《兴业研究科技行业分类》中添加的行业

科技行业 （一级行业）	科技行业 （二级行业）	国民经济 行业代码	国民经济行业名称
TMT	互联网	5292	互联网零售
新能源	电力设备	3822	电容器及其配套设备制造
新能源	核电	4120	核辐射加工
新能源	电力设备	4413	水力发电
汽车	汽车整车	3611	汽柴油车整车制造
汽车	汽车整车	3650	电车制造

续表

科技行业 （一级行业）	科技行业 （二级行业）	国民经济 行业代码	国民经济行业名称
汽车	汽车零部件	3660	汽车车身、挂车制造
高端装备	轨道交通	3715	铁路机车车辆配件制造
交通运输	船舶	3733	娱乐船和运动船制造
交通运输	船舶	3735	船舶改装
交通运输	船舶	3737	海洋工程装备制造
交通运输	通用航空	5621	通用航空生产服务
交通运输	通用航空	5622	观光游览航空服务
交通运输	通用航空	5623	体育航空运动服务
交通运输	通用航空	5629	其他通用航空服务
交通运输	通用航空	5632	空中交通管理
交通运输	现代物流	5810	多式联运
交通运输	现代物流	6020	快递服务
创新消费	智能家居	3861	燃气及类似能源家用器具制造
创新消费	智能家居	3873	舞台及场地用灯制造
生物农业	生物育种	0511	种子种苗培育活动
生物农业	生物育种	0531	畜牧良种繁殖活动

资料来源：统计局，兴业研究。

删除了25个国民经济行业小类。删除的这些行业属于采矿、建材和食品这三个成熟产业领域，与科技相关的经济活动在整个行业小类中占比较小。经济合作与发展组织（Organization for Economic Co-operation and Development，OECD）从研发费用率的角度将经济活动分为高技术、中高技术、中技术、中低技术、低技术四类[1]。这些删除的行业大多属于低技术或者中低技术行业。

---

① Organization for Economic Co-operation and Development, OECD Taxonomy of Economic Activities Based on R&D Intensity[R]. Paris: OECD, 2016.

表4-9 《兴业研究科技行业分类》中删除的行业

国民经济行业代码	国民经济行业名称
0711	陆地石油开采
0712	海洋石油开采
0721	陆地天然气开采
0722	海洋天然气及可燃冰开采
0810	铁矿采选
0917	镁矿采选
0919	其他常用有色金属矿采选
0932	稀土金属矿采选
0939	其他稀有金属矿采选
1019	粘土及其他土砂石开采
1020	化学矿开采
1200	其他采矿业
1321	宠物饲料加工
1329	其他饲料加工
1469	其他调味品、发酵制品制造
1495	食品及饲料添加剂制造
1499	其他未列明食品制造
2521	炼焦
3011	水泥制造
3021	水泥制品制造
3022	砼结构构件制造
3024	轻质建筑材料制造
3031	粘土砖瓦及建筑砌块制造
3033	防水建筑材料制造
3034	隔热和隔音材料制造

资料来源：统计局，兴业研究。

五、业务适应性探讨

《兴业研究科技行业分类》可用于更加精细的业务指引与考核，并为研究赋能业务提供抓手。例如在营销拓客和贷后管理中，可通过研究揭示的行业性机会或风险，向下定位行业内企业，精准开展营销或监控；在审查审批时，针对具体企业，向上关联所属行业，快速调用该行业的研究资产，实现全面、准确的风险评价。

科技行业分类理论上可以进一步细分，但是细分后会影响可操作性。例如新能源（一级行业）—光伏（二级行业）可以进一步细分为光伏主材、光伏辅材、电站设备、电站开发运营和光伏生产设备这5个三级行业，光伏主材又分为多晶硅、硅片、电池片、组件这4个四级行业。细分之后国民经济行业小类与科技行业分类难以实现一对一或多对一的对应，而是呈现一对多或者多对多的对应。例如国民经济行业小类"C3561电工机械专用设备制造"既属于高端装备（一级行业）—专用设备（二级行业），又属于新能源（一级行业）—光伏（二级行业）—光伏生产设备（三级行业），因此无法将C3561对应到一个科技行业分类节点上。更困难的是，还要考虑到企业填写国民经济行业分类的准确度问题。光伏专用设备的12家上市企业中，有些填写了C3561，有些填写了C3562等其他8个国民经济行业小类。

表4-10　光伏专用设备上市公司

光伏专用设备上市公司	所属国民经济行业代码（行业小类）
奥特维	C3561电工机械专用设备制造
高测股份	C3561电工机械专用设备制造
晶盛机电	C3562半导体器件专用设备制造
京山轻机	C3467包装专用设备制造
帝尔激光	C3569其他电子专用设备制造
罗博特科	C3569其他电子专用设备制造
金辰股份	C3569其他电子专用设备制造
迈为股份	C3599其他专用设备制造
英杰电气	C3824电力电子元器件制造
微导纳米	C3825光伏设备及元器件制造
连城数控	C3825光伏设备及元器件制造
捷佳伟创	C3825光伏设备及元器件制造

资料来源：兴业研究。

因此，科技行业分类以实用主义为导向，是在诸多约束条件下的次优解。科技行业分类分到二级行业，是为降低国民经济行业分类颗粒度和企业申报准确度的影响，进行了细致和准确的权衡。将国民经济行业小类映射到科技行业是为了快速覆盖全部企业。是否将某一国民经济行业小类纳入科技行业，主要依据行业内科技部分的占比和未来发展趋势，从而将整个行业小类进行整体纳入或者整体排除，进行了"弃真"和"取伪"的权衡。在权衡之下，不可避免地会出现企业分类误差，例如某个企业按照主营业务来说实际上属于科技行业，但是由于国民经济分类填写的问题，使之排除在外。这种情况可以考虑允许人工对企业的科技行业分类进行重新归属。

第三节　追赶型经济体的科技行业分析框架

理解追赶型经济体的科技行业，可以借助一个简易、通用的分析框架，即"渗透率—国产化率"框架。渗透率体现产业生命周期和需求总量，国产化率体现国产替代进程和供给结构。单一指标存在一定缺陷，例如固态电池（低渗透率/高国产化率）与光刻机（高渗透率/低国产化率）的发展路径截然不同，因此需要结合这两个维度进行分析。将渗透率作为X轴、国产化率作为Y轴，可以划分出"新供给、新前沿、新引擎、新优势、补短板"五个行业发展阶段。不同阶段既对应着不同的机会要素，也对应着不同的风险特征。将具体的行业置于相应阶段后，有助于快速识别其当前面临的机会与风险。

一、行业发展的阶段

成长性行业的吸引力在于行业规模的不断增长。成长性行业除受益于经济增长的拉动以外，还受益于新技术、新产品的供给侧推动，主要驱动力包括产业生命周期的演化和国产替代的加深。

（一）产业生命周期与渗透率

渗透率的逐步提升是成长性行业增长的主要驱动力。经典产业生命周期一般分为四个阶段，即进入期、成长期、饱和期和衰退期。随着产业生命周期的演化，行业的市场规模逐步增长。

本章采用五阶段的生命周期，即引入期、加速期、重塑期、成熟期和周期主导期，各个阶段通过渗透率划分。渗透率的定义为当前市场需求占潜在市场总需求的比重。一般来说，引入期的渗透率<5%，加速期的渗透率在5%~35%，重塑期的渗透率在35%~70%，成熟期的渗透率在70%~95%，周期主导期的渗透率大于95%。

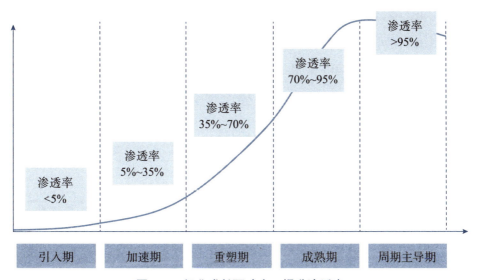

图4-4　行业成长驱动力：提升渗透率

资料来源：兴业研究。

五阶段生命周期相比经典的"引入期—成长期—成熟期—衰退期"的四阶段生命周期有两个调整。

第一是将成长期拆分为加速期和重塑期。加速期行业已经实现0到1的突破，市场处于1到N快速增长阶段，产品由单一、高价向多样、低价方向发展。重塑期产品逐渐标准化，大量的进入者加入，导致短期供给过剩，一般会进行两到三次大规模的洗牌，使得行业格局发生重塑。

第二是使用"周期主导期"替代"衰退期"。经典产业生命周期理论的最后一个周期是衰退期。这个阶段渗透率接近天花板，市场规模可能没有增长，但是也不会马上衰退，行业从成长性行业转为偏周期行业，因此可将此阶段命名为周期主导期。

（二）国产替代与国产化率

我国具有超大规模的国内市场，各类产品的国产化率提升，也是成长性行业增长的主要驱动力。国产化率的定义是国内生产件的价值占整件产品价值的比重。我国有14亿多人口，居民收入和消费水平持续提升；同时我国拥有世界上规模最大、品类最齐的制造业体系，220多种工业品产品居世界首位。因此，从消费品和工业品的市场规模来看，我国是世界上最有潜力的超大规模市场。规模化的市场带动了规模化的生产，规模化的生产更好地满足了规模化的市场，超大规模市场具有自力更生的经济正反馈循环能力。在超大规模的国内市场中，各类产品国产化率提升的一小步，可能是行业规模增长的一大步。

国产化率的提高，是行业规模增长的过程，也是国内产品从"有没有"到"好不好"的发展过程。国产化率低于30%时，国产产品可实现低端产品的替代；国产化率在30%~70%时，国产产品可实现中端产品的替代；国产化率高于70%时，又分为两种情况，一种是国产产品能够全面替代高中低产品，另一种是国产产品在该领域全世界领先，国外还没有竞争者，不是国内替代国外，而是国内本身就领先于国外。两种情况均用"高国产化"来代表。国产化率从低到高的过程，既是国内市场规模成长的过程，也是国内有效供给和中高端供给不断增强的过程。

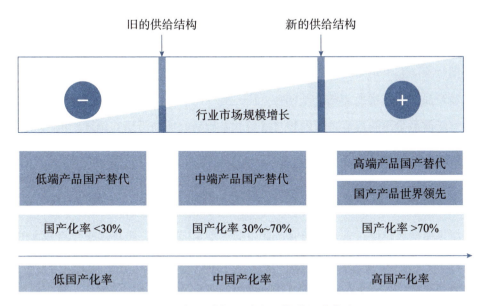

图4-5　行业成长驱动力：提升国产化率

资料来源：兴业研究。

（三）基于国产化率和渗透率的阶段划分

单独使用渗透率或者国产化率，较难界定成长性行业所处的位置和未来的演化趋势。比如两个不同的行业，A行业具有较低的渗透率，B行业具有较低的国产化率，两个行业都有广阔的增长潜力。但是这两个行业的行业驱动力全然不同，优秀企业筛选指标也迥然不同。

渗透率提升是"做大蛋糕"的过程，国产化率提升是"分好蛋糕"的过程，准确判断成长性行业所处的位置，需要两个指标结合使用。以渗透率为X轴、国产化率为Y轴，可将成长性行业划分为5个阶段。

第一是新供给阶段，位于左上角，涵盖中高国产化率+引入期的行业。左上角的行业，产业生命周期处于引入期，新产品、新技术刚出现不久；国产化率较高，表示国内与国外处在同一水平，或者完全由国内产品引领该行业的发展。新供给阶段的行业代表新的产业变革趋势，能够通过新供给创造新需求，例如PET复合铜箔、钠离子电池等。

第二是新前沿阶段，位于左下角，涵盖低国产化率＋引入期、加速期、重塑期行业。左下角的行业，产业生命周期处于引入期，技术较为前沿，属于开发新产品、新技术所需的"基础技术"；国产化率较低，表示国内研发相对落后。新前沿阶段的行业是国内相对落后的基础研究或前沿研究领域，例如手术机器人、特种工程塑料等。

第三是新引擎阶段，位于中上部，涵盖中高国产化率＋加速期、重塑期的行业。中上部的行业，产业生命周期处于加速期、重塑期，产品迭代速度较快，市场规模增速较快，未来会随着产业生命周期走向成熟，市场规模仍有较大的增长空间；国产化率较高，表示国内产业具有竞争优势，未来的市场增量中，国内产业能分得较大份额。新引擎阶段的行业是国内经济的新增长引擎，例如新能源汽车、N型光伏电池等。

第四是新优势阶段，位于右上角，涵盖中高国产化率＋成熟期、周期主导期的行业。右上角的行业，产业生命周期进入成熟期，代表这些行业已经有较大市场规模；国产化率较高，表示国内产品具有较强的竞争优势。新优势阶段的行业是我国"又大又强"的优势产业，例如锂电设备、MDI聚氨酯等。

第五是补短板阶段，位于右下角，涵盖低国产化率＋成熟期、周期主导期的行业。右下角的行业，产业生命周期进入成熟期和周期主导期，说明行业发展经过一段时间，形成较大的市场规模；国产化率较低，表示在一个较大市场规模的行业中，国内企业存在较大的差距。补短板阶段的行业一般是我国的产业链短板，例如与半导体相关的设备和材料、关键基础材料等。

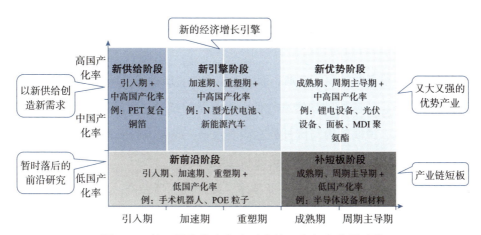

图4-6 基于国产化率和渗透率的五个行业发展阶段

资料来源：兴业研究。

二、不同阶段的机会

五个阶段发展驱动力不同，对优秀企业的筛选方法也要"因地制宜"。为阐述不同阶段的优质企业筛选方法，选取若干细分行业和公司作为示例，不作为投资推荐。案例分析时点为2022年，因此当前部分行业可能按照发展规律进入到新的阶段，例如从新引擎阶段的加速期进入到重塑期。

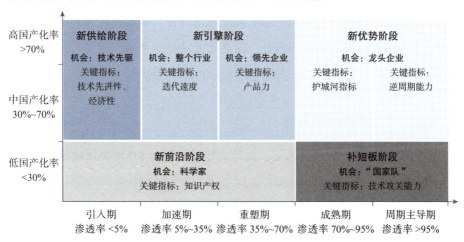

图4-7 不同发展阶段的机会

资料来源：兴业研究。

（一）新供给阶段的机会

新供给阶段包括钠离子电池、液流电池储能、压缩空气储能、PET复合铜箔等行业。 新供给阶段的渗透率较低，表明新的技术、产品、业态刚刚出现；国产化率较高，说明国内与国外处在同一水平，或者国内引领该行业的发展。新供给阶段能够通过高水平的供给，创造新的需求。

新供给阶段，行业驱动力是新技术、新产品、新业态。 新技术带来的产业逻辑一旦证实，由于在引入期就实现较高的国产化率，与国外的竞争压力较小，国内企业能够充分获益于行业的增长。以PET复合铜箔为例，PET复合铜箔是一种新型锂电池负极集流体，中间层是3~6μm的高分子基膜，两侧为1μm厚的铜金属层，具有安全性高、能量密度高、材料成本低的优点，未来有较大潜力替代电解铜箔。PET复合铜箔目前处于引入期，并且其上游复合铜箔设备与膜材料、中游复合铜箔制造、下游锂电池生产等环节均由国内企业引领。

对于处在新供给阶段的行业，建议关注技术先驱，关键指标是技术领先性。 仍以PET复合铜箔为例，其技术领先性体现在设备能力和工艺水平上。复合铜箔的主要工序是磁控溅射和水电镀。磁控溅射设备，需要确保镀层均匀性、镀层结合力和生产速度。水电镀设备，需要确保良品率和电镀速度。只有具备领先的设备和工艺，才能实现复合铜箔的性能和成本的最优。

（二）新前沿阶段的机会

新前沿阶段包括手术机器人、特种工程材料、OLED发光材料等行业。 新前沿阶段的渗透率比较低，说明行业在全球和国内范围内刚刚起步；国产化率较低，说明国外处于领先位置，但是由于科技变革不断加速、颠覆性创新不断涌现，国外领先优势并不稳固。

新前沿阶段，行业驱动力是基础研究。 通过基础研究，实现底层技术的突破，才能带动新兴产业发展壮大。以手术机器人为例，目前该行业处于渗透率提升初期。手术机器人包括腔镜手术机器人、骨科手术机器人、血管介入手术机器人等。美国直觉外科（Intuitive Surgical）的达芬奇机器人是全球应用最广泛的手术机器人，能够覆盖多种腔镜手术，年手术量超过120万例。达芬奇机器人目前已更新至第五代，具有振动消除、动作定标、灵活机械手腕等多项核心技术，在腔镜手术机器人领域建立了较高技术壁垒，包括底层软件技术支持、高精度的机械传动设计等。

对于处在新前沿阶段的行业，建议关注科学家，关键指标是知识产权，特别是底层共性技术的知识产权。科学家聚集的科研院所和科技领军企业，是科技成果产业化的起始点，也是知识产权的高地。同样以手术机器人为例，截至2021年底，直觉外科累计获得4200多项专利授权，并有2100项专利已提交申请，其中运动控制技术、机械臂、末端执行器、图像处理技术等共性技术专利数量众多。

（三）新引擎阶段的机会

根据是否发生大的格局重塑，新引擎阶段可分为加速期和重塑期。加速期行业包括N型光伏电池、光热电站、锂电储能、一体化压铸等，渗透率超过5%，行业突破"0到1"，正处于"1到N"的快速发展阶段，尚未发生大的行业洗牌。重塑期行业包括新能源汽车、风电轴承、碳纤维等，渗透率一般在35%~70%，市场格局处于重塑过程中。新引擎阶段的国产化率达到较高水平，考虑到国内具有超大规模市场，伴随着渗透率的提高，国内企业能够持续受益。

加速期的新引擎阶段，渗透率提高是行业增长的主要驱动力。这个阶段市场空间增速最快，并且大家各自跑马圈地，竞争较少，容易获得"戴维斯双击"。以光伏电池行业为例，光伏电池行业的技术迭代历经了三个阶段：铝背场电池（AL-BSF）、P型电池（PERC）、N型电池。目前仍以P型电池为主，N型电池渗透率不足10%，但是由于N型电池的光电效率更高，未来渗透率将快速提升。

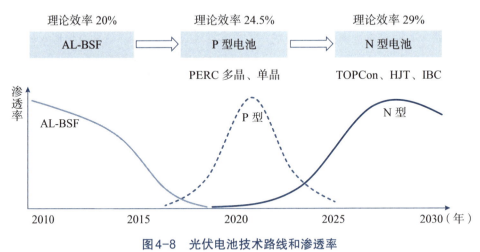

图4-8　光伏电池技术路线和渗透率

资料来源：兴业研究。

对于处在加速期的新引擎阶段的行业，建议关注整个行业，关键指标是技术迭代速度。以N型电池为例，行业存在TOPCon、HJT、HBC等多个技术路线，TOPCon性价比高、HJT前景明朗、HBC更加先进。加速期阶段，技术路线分歧并非当下的主要矛盾，技术迭代能力更加关键。通过产品迭代，更快达到产品"平价"，能够在未来发展中占得先机。

重塑期的新引擎阶段，渗透率提高仍是行业增长的主要驱动力，但行业洗牌在所难免。以新能源汽车行业为例，2022年末的渗透率在35%左右，具有进一步提升空间；与此同时，行业参与者众多，外资品牌、传统车企、造车新势力等不断加码。外资品牌技术领先，传统车企供应链成熟，造车新势力创新意识强，行业竞争十分激烈。

对于处在重塑期的新引擎阶段的行业，建议关注具体企业，关键指标是产品力。随着渗透率进入到35%~70%，产业生命周期步入重塑期，市场竞争从"资格赛"升级为"淘汰赛"。整个行业的红利期成为过去时，重塑期需要重点关注具体企业。优秀企业的关键评价指标是产品力，包括但不限于品牌、技术、价格、质量、性价比。产品力领先，才能在产业格局的重塑中跑到最后。此外，由于行业产品迭代较快，企业市场份额变动较大，短期的市占率并非最主要的评价指标。

（四）新优势阶段的机会

根据渗透率是否还有增长空间，新优势阶段可分为成熟期和周期主导期两个部分。成熟期行业包括锂电设备、光伏设备、通用工程塑料等，渗透率达到较高水平（70%~95%）。周期主导期行业包括MDI、LCD显示材料、工程机械等，渗透率基本达到顶点（>95%），主要受供需周期主导。新优势阶段的国产化率达到较高水平，基本实现中高端国产替代。

成熟期的新优势阶段，建议关注行业龙头企业，关键指标是"护城河"。护城河指标包括品牌效应、产品生态、转换成本、网络效应、流程优势、地理位置、独特资源、有效规模等，对于锂电设备行业来说，最大的护城河是整线交付能力。整线交付，指的是由一家锂电设备厂家提供整线或者整工艺段的生产解决方案。整线交付具有缩短交付周期、降低维护难度、消除信息孤岛、便于信息化管理等优点，与电池厂商快速扩产的需求更相适应。随着国内锂电行业的出海，具有整线交付能力的锂电设备厂家将首先受益，在提高国产化率的基础上，拓展全球市场份额。

周期主导期的新优势阶段，渗透率和国产化率提高不再是主要驱动力，需求周期成为主导，行业由成长性转向周期性。以MDI行业为例，MDI广泛用于白色家电、建筑、汽车、皮革、制鞋、纺织等行业，渗透率已达到较高水平。同时，MDI的国产化率也达到较高水平，截至2021年底，国内龙头企业MDI的国内产能为230万吨（国内MDI总产能为390万吨，包含外企160万吨产能），国内MDI的总需求为208万吨。从总量上看，国产化率已达到100%。

周期主导期的新优势阶段，同样建议关注行业龙头企业，关键指标是景气周期应对能力和第二增长曲线。景气周期主要受到下游需求和供给格局的影响。龙头企业在景气度底部进行逆周期投资，很大可能在下一轮景气周期获得收获。以该企业为例，在2012—2015年的景气度的下行周期，并未因营业利润的下降而减缓投资，在2016—2018年的景气度的上行周期，利润实现较快增长。2019—2020年同样在景气度的下行周期加大投资，2021年利润实现大幅增长。第二增长曲线在行业龙头的发展中也起到重要作用。同样以该企业为例，其在MDI产能居全球首位之后，进入石化行业和新材料行业，打开了新的增长空间。

图4-9　MDI聚氨酯龙头企业的逆周期投资与营业利润

资料来源：Wind，兴业研究。

（五）补短板阶段的机会

补短板阶段包括半导体设备和材料、基础软件、关键基础材料等行业。补短板阶段的渗透率比较高，说明在全球范围内已经有多年的发展，行业具有一定规模。国产化率均比较低，说明这些行业对外依存度高，属于国内"卡脖子"的环节。

补短板阶段，行业驱动力是科创举国体制。通过"顶层设计牵引、重大任务带动、基础能力支撑"的科创举国体制，实施具有战略性的国家重大科技项目，解决制约国家发展全局的关键核心技术问题。以尼龙66上游原材料为例，尼龙66发明于1935年，具有耐磨性、高强度、温度应用范围广的优点，下游应用广泛。但是，此后的数十年间，尼龙66的上游原料己二腈长期被海外垄断。2021年中国己二腈的消费量占全球的22%，但产能仅占全球的2%左右。国家发展改革委等部门曾多次发文，鼓励国内企业攻克己二腈相关技术，解决尼龙66"自给率不足"等问题。

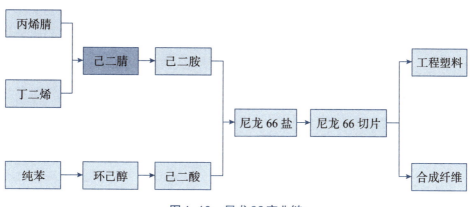

图4-10　尼龙66产业链

资料来源：兴业研究。

补短板阶段，建议关注"国家队"（科技型骨干企业），关键指标是技术攻关能力。科技型骨干企业是技术创新主体，承担起技术攻关的重任。仍以尼龙66上游原材料为例，中国化学从2011年开始进行了大量的研究实验。2022年7月，中国化学投资建设的天辰齐翔20万吨/年丁二烯法己二腈项目顺利建成投产，打破国外对我国己二腈的技术封锁和垄断。

三、不同阶段的风险

科技企业一般是从新供给阶段、新前沿阶段起步，随着技术研发、应用验证的突破，进入到新引擎阶段，随着渗透率和国产化率的进一步提升，进入到新优势阶段。科技企业进入到不同阶段，既拥有每个阶段的机会，同时也面临每个阶段的风险。

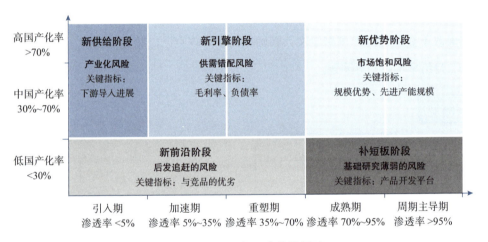

图4-11　不同发展阶段的风险

资料来源：兴业研究。

（一）新供给和新前沿阶段的风险

新供给阶段和新前沿阶段都属于行业成长的早期阶段，主要风险分别是产业化风险和后发追赶的风险。 新供给阶段，国产化率较高、渗透率较低，代表着相比国外没有后发劣势，但是行业的产业化风险较大，能否成功产业化存在不确定性。新前沿阶段，国产化率较低、渗透率相对较高，表示行业已经实现了产业化，但是国内企业面临后发劣势，能否赶超国外竞品存在不确定性。

　　新供给阶段的主要风险是产业化风险，包括技术成熟度、技术经济性、市场接受度等方面。 以复合铜箔行业为例，行业目前处于引入期，突破到加速期需要解决产业化问题。复合铜箔是一种新型负极集流体，中间层是4μm的高分子基膜，两侧为1μm厚的金属层。由于中间层使用高分子基膜替代了纯铜，因此复合铜箔具有理论成本低、能量密度高的优点，这也是产业界对复合铜箔抱有很高期望的原因。当前阶段，复合铜箔在性能方面已基本达到下游要求，产业化面临的障碍是成本。复合铜箔的材料成本低，但是制造成本高。原因在于复合铜箔专用生产设备的效率、良率还较低，导致设备摊销费用较高。复合铜箔能否进入产业化阶段，或者说产业化风险能否化解，关键在于复合铜箔的生产成本，进一步需要关注复合铜箔的设备迭代。

　　新前沿阶段的主要风险是后发追赶的风险，包括能否突破先发企业建立的技术、渠道、口碑等壁垒。 以手术机器人行业为例，技术水平决定了手术机器人的临床表现，进而影响商业化推广进程。因此，能否突破关键技术以及形成的知识产权壁垒是后发企业面临的主要风险。直觉外科的达芬奇手术机器人是目前应用最广泛的腔镜手术机器人，自1996年第一代达芬奇手术机器人推出以来，已经迭代到第五代，形成了较强的技术和专利门槛。直觉外科已授权和申请的专利超过6000项，涵盖控制装置、末端执行器、机械臂、适配器、图像系统、输入装置等方面，几乎覆盖了现有同类外科手术机器人的所有技术保护点，兼具前瞻性和保护性。因此，后发企业在研发手术机器人技术的同时，需要判断是否有专利侵权的风险。

（二）新引擎阶段的风险

　　新引擎阶段的主要风险是供需错配的风险。 新引擎阶段的渗透率超过了5%，代表行业进入了产业化阶段，产业化风险已经消除；同时国产化率较高，代表后发追赶的风险也已经消除。未来，随着渗透率的快速提升，行业会实现快速增长，国内企业能够充分受益。尽管这个阶段整体需求增速较快，但是供需错配的风险会逐渐积累，导致供给格局的重塑。

供需错配产生于需求的突变和供给的渐变。从引入期跨入到加速期或者说出现产业拐点时，需求往往是突变的。在加速期阶段，政策导向、外部环境可能导致需求在一两个季度的时间内发生突变。例如以新能源汽车行业为例，对新能源汽车的需求量自2021年第一季度出现突然增长，随后高景气度持续了两年。但是供给一般是渐变的，原因是产能扩产需要一定时间，投建一个新厂，要经历分析立项、在建工程、产能爬坡、达到产能等过程。例如新能源汽车扩产周期是1~2年，锂电池扩产周期也是1~2年，锂电材料扩产周期是0.5~1.5年，锂矿的产能建设周期一般是3~5年。在需求突变和供给渐变的影响下，供需错配的情况就会产生。

需求向上突变和向下突变，触发了供需错配的上、下半场，而风险主要发生在下半场。上半场时，供给的渐变无法满足需求的突变，整个产业链都会呈现高景气。更进一步地，不同产业链环节的扩产周期不同，瓶颈环节的供给会远落后于需求，导致瓶颈环节会呈现超额景气度。例如新能源产业链的锂矿环节扩产周期最长，在上半场呈现了超额景气。下半场时，整个产业链的乐观和供应链库存的牛鞭效应，会导致供给逐渐超过需求，如果需求无法保持高速增长，那么供给就会显得过剩。更进一步地，最初的产能瓶颈环节受到的影响也最大，投产慢也代表着出清慢，固定投资大、启停成本高，导致瓶颈环节的供给出清相对困难。

重塑期的供需错配与周期主导性行业的供给过剩不同。前者处于产业生命周期的中期，行业的成长性更强，需求呈现波浪式增长，随着新一轮需求高峰的到来，过剩的供给会有所消化。后者处于产业生命周期的后期，行业的周期性更强，需求呈现周期性震荡，即使需求恢复，也未必能够超过之前的需求高峰。因此，新引擎阶段从加速期进入到重塑期后，尽管行业有所波动，具体企业仍有机会。

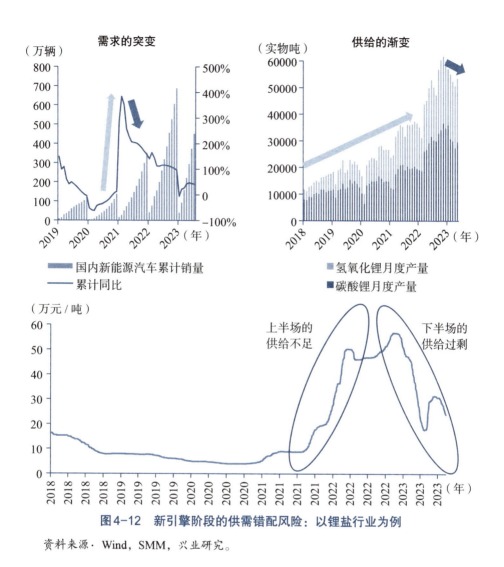

图4-12　新引擎阶段的供需错配风险：以锂盐行业为例

资料来源·Wind，SMM，兴业研究。

（三）新优势阶段的风险

新优势阶段的主要风险是市场饱和的风险。这个阶段随着渗透率逐渐接近天花板，面临增速下降、市场饱和的风险。成长末期的增长惯性会吸引企业投建大量产能，但是如果增量需求不及预期，可能导致产能的过剩和出清。过剩产能沉淀了大量的厂房、土地、设备、劳动力和资金等生产要素，需要将这些生产要素从低效率领域配置到高效率领域。

需要注意的是，产能出清不宜笼统地讲"去过剩产能"，应该聚焦于"去落后产能"。[①]落后产能主要存在于产业生命周期的后期，但是也贯穿于整个产业生命周期。落后产能可能是高成本产能、低技术产能、高污染产能或者这几种特征的叠加。在行业景气度上行时，落后产能也能有可观的盈利，但是在景气度下行时，落后产能最先受到冲击。

对于LCD面板行业来说，落后产能是低世代线产能（高成本产能）。高世代线能够实现更经济的切割尺寸，对低世代线生产成本形成打击。LCD面板行业使用供需比（有效供给面积/需求面积）来反映供需状况。由于存在渠道库存需求，经验数据显示供需比在115%时为供需平衡。从2019年开始，面板行业进入上行期，随着产能集中释放，面板供给逐渐过剩，2024年，供需比达到128%，低世代线面临较大压力。预计2025年到2027年，供需比逐渐缓解。

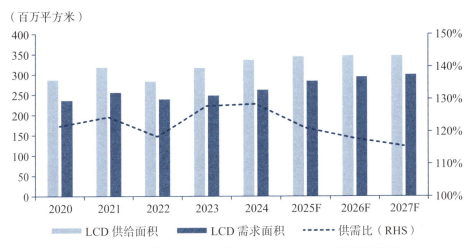

图4-13 新优势阶段的市场饱和风险：以LCD面板行业为例

资料来源：Omdia，群智咨询，兴业研究。

对于光伏行业来说，落后产能是老旧PERC产能（低技术产能）。光伏行业

---

① 黄奇帆.结构性改革：中国经济的问题与对策[M].北京：中信出版社，2020：14.

未来逐渐进入供大于求的阶段，2023年光伏主材的规划产能达到1000GW级别，而2022年对组件的需求为280GW。产业链各环节的产能均相对下游过剩，具体来看，硅料相对硅片和电池片过剩，硅片、电池片相对组件过剩，组件相对终端需求过剩。在光伏行业供大于求和技术快速迭代的背景下，落后产能是老旧PERC产能（低技术产能）。

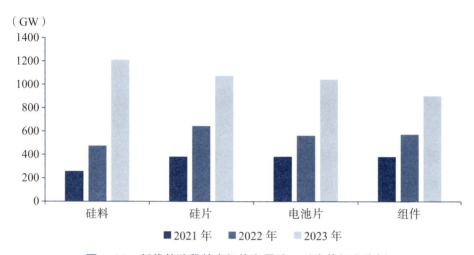

图4-14　新优势阶段的市场饱和风险：以光伏行业为例

资料来源：SOLARZOOM，兴业研究。

（四）补短板阶段的风险

补短板阶段的主要风险是基础研究薄弱的风险。 基础研究薄弱与过去制造业的发展模式有一定关系。过去制造业的发展偏重集成，也就是先有下游的组装，上游材料和零部件通过进口获得；当关键材料、零部件被"卡脖子"时，会影响下游的很多行业；而核心技术"卡脖子"的根源之一是基础研究缺少积累。因此，加强基础研究是提高我国原始性创新能力、积累智力资本的重要途径，是跻身世界科技强国的必要条件。

以光刻机为例说明基础研究的重要性。 回顾EUV光刻机的研发历程，1997年，英特尔和美国能源部牵头发起EUV LCC合作组织，集合了摩托罗拉、AMD

和美国劳伦斯利弗莫尔实验室、劳伦斯伯克利实验室和桑迪亚国家实验室三大国家实验室。1997年到2003年，经历了6年时间，LCC的科学家在多个学科发表了几百篇论文，完成了EUV光刻机的基础研究，并交由ASML进行应用研究。2006年，ASML将两台EUV原型验证机（Alpha Demo Tool，ADT）分别发往美国奥尔巴尼的SUNY和比利时鲁汶的IMEC，2008年，SUNY生产了世界上第一个EUV芯片，商业化的路径开始被照亮。2010年起，ASML向三星交付了第一款商用版EUV光刻机NXE 3100；2013年，第二款EUV光刻机NXE 3300开始出货；2017年，ASML推出第三款EUV光刻机NXE 3400B。自此，ASML成为全球EUV光刻机的唯一供应商。在EUV光刻机的研发过程中，LCC科学家的基础研究，是后续产品开发的基础。

需要注意的是，基础研究补短板是一个系统工程。单一"短板"变成"长板"并不能保证业绩的兑现，需要关注同一个"木桶"的其他"短板"情况。

表4-11　补短板阶段的基础研究薄弱风险：以EUV光刻机为例

光刻机核心部件	核心部件涉及的基础科学和技术
极紫外光源	极紫外光的产生需要由27kW的二氧化碳激光器，每秒钟轰击5万个从空中掉落的金属锡滴，每个锡滴直径小于20μm，并且需要连续两次轰击到同一个锡滴，从而激发出13.5nm的光。
照明系统	照明系统的主要功能是为投影物镜成像提供特定光线角谱和强度分布的照明光场。照明系统包括光束处理、光瞳整形、能量探测、光场匀化、中继成像和偏振照明等单元。EUV光刻机的照明系统由1.5万多个元件组成，重达1.5吨。
投影物镜系统	投影物镜将掩膜版的电路图按等比例缩小，映射到晶圆上，同时补偿各种光学误差。研发物镜系统首先要建立光路模型，需要大量的理论公式计算和论证，还需要保证极高的加工精度，确保实际效果与理论计算一致。EUV光刻机的"布拉格发射器"号称地球上最平整的镜面，达到了原子级别的平整度。
双工作台	芯片制造需要精确对准，水平误差要求小于1~2nm，以保证每层芯片的套刻精度，垂直误差需要保证在焦点上下100nm。单个影像的曝光时间小于0.1s，工作台需要快速启停，实现极高速的运动和长时间的稳定性。

资料来源：ASML，兴业研究。

四、不同阶段适合的金融服务

（一）基于发展阶段的企业筛选

在判断不同发展阶段的行业机会和风险基础上，需要进一步判断企业的兑现机会与规避风险的能力。《隐形冠军成长之路》一书中提到，对于科技创新企业，企业的整体估值以及企业的股权价值与宏观经济环境、中观行业及技术发展前景、微观企业经营等多方面因素有关。[①]因此，科技企业的评估，除基于企业"三张表"之外，还可以考虑所属行业发展阶段面临的机会和风险，以及该企业抓住机会和应对风险的能力。行业的机会并非每个企业的机会，行业的风险大概率是每个企业的风险。因此，所处的行业机会大、企业自身风险小的这类企业，将是未来龙头的潜力企业，这类企业也是"敢于冒险的长钱"所青睐的企业。

1）新供给阶段面临"0到1"的机会和产业化的风险，筛选优质企业可以关注**下游客户的导入进展**，是否有龙头企业进行验证。新前沿阶段面临国产替代的机会和后发追赶的风险，筛选优质企业可以关注关键技术、渠道、口碑等方面**以及与竞品相比的优劣势**，是否能够超过国外对标产品。

2）新引擎阶段面临"1到N"的机会和供需错配的风险，筛选优质企业可以关注**毛利率和资产负债率**。高成本或高杠杆的企业在供需错配的"上半场"时会表现亮眼，但是在供需错配的"下半场"抗风险力较低。

3）新优势阶段面临产业成熟的机会和市场饱和的风险，筛选优质企业可以关注市占率或者产能规模，特别是**先进产能的规模**，例如面板行业的高世代线、光伏行业的大尺寸N型产线，锂盐行业的高品位矿、钢铁行业的低排放产线等。

---

① 鲁政委,陈昊,张文达.隐形冠军成长之路[M].北京:人民日报出版社,2023:324.

4）补短板阶段面临国产替代的机会和基础研究薄弱的风险，筛选优质企业需要关注**技术攻关能力**以及是否有自主产品的开发平台。

（二）基于发展阶段的金融适配

综合考虑行业成长阶段的风险、收益情况与各类金融产品的风险收益偏好，建立企业发展阶段与金融产品的对应关系，从而为企业提供全生命周期的多元化接力式金融服务。

1）新供给阶段和新前沿阶段的产业化风险和后发追赶的风险一高一低，适合风险偏好更高的风险投资以及面向初创企业的认股选择权贷、知识产权抵押贷、研发贷等信贷产品。

2）新引擎阶段企业面临供需错配的机会和风险，投资机会经历行业 β 到企业α的演化，优质企业的产能快速扩张、资金缺口大，适合投贷联动和信用贷款。

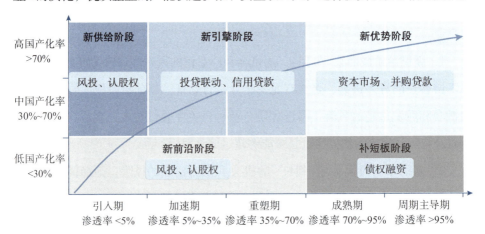

图4-15　不同发展阶段适配的金融产品

资料来源：兴业研究。

3）新优势阶段面临市场饱和的风险，随着市场逐渐接近天花板、技术逐渐成熟，利润开始受到生产率的限制。为了提高利润指标，通常的手段是通过兼并收购实现集中、收购其他部门形成多元化、出口驱动、将活动转移到国外尚未饱和的市场。龙头企业资金需求量同样很大，适合资本市场以及并购相关业务。

4）补短板阶段存在基础研究薄弱的风险，建议匹配安全性更高的债权类产品。

五、渗透率和国产化率的延伸

（一）渗透周期的长与短

产业生命周期有长有短，导致某个生命周期的时间跨度不同，对应的投资窗口期也不同。

生命周期长的阶段，投资窗口期较长。 例如能源的产业生命周期可以长达数百年，所以引入期、加速期的时间跨度可能以数十年计算。截至2022年10月底，我国风电装机容量约3.5亿千瓦，光伏发电装机容量约3.6亿千瓦，二者合计占全国发电总装机的27%左右。国家发展改革委、国家能源局《关于促进新时代新能源高质量发展的实施方案》中提出，到2030年我国风电、太阳能发电总装机容量达到12亿千瓦以上，假设总装机量不变，2030年风电、太阳能的渗透率约达到48%。

图4-16　2012—2021年各类能源装机量占比

资料来源：英国石油，兴业研究。

生命周期短的阶段，投资窗口较短，但是机会更多。电子产品的生命周期可能只有几年，各个生命周期的时间跨度较短。根据摩尔定律，处理器的性能大约每两年翻一倍，同时价格下降为之前的一半。电子产品更新换代较快，不断有新的产品来替代老款产品。市场规模整体增长的背后，是一个个细分产品的快速迭代。每一款新产品出现，都会有新一轮的迭代渗透。

图4-17　2014—2021年智能手机渗透率

资料来源：IDC，兴业研究。

（二）国产化率的高与低

国产化率达到100%并非市场规模的天花板，未来发展空间是全球市场，即全球市占率。以手机行业为例，2021年国内智能手机销量占全球出货量的25%，但是产量却占全球产量的80%。尽管核心零部件仍存在瓶颈，但是针对手机的组装和制造环节，已实现较高的国产化率；从国内市场到全球市场，手机制造商也实现了规模的进一步增长。

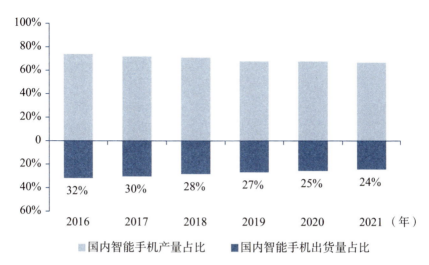

图4-18　2016—2021年国内智能手机销量和产量的全球占比

资料来源：IDC，兴业研究。

第五章

科技金融业务的中国方案

· · · · · · · —

解决底层业务方法的难点，才能从细节上支撑科技金融发展。科技企业无形资产多、有形资产少，在业务层面上面临如何评价"企业好不好"和测度"好企业能贷多少"两个难点。针对这两个难点，我们分别建立了科技企业评价方法和授信测算方法。两者的关键都在于如何处理"硬信息"之外的"软信息"，解决银企之间和银行内部的信息不对称，从而将科技企业的"无形资产"转化为"信用资产"。

第一节 面向国内科技企业的评价方法

评价科技企业，不能看过去而要看未来。传统以财务报表为核心的评价体系存在滞后性：财务数据仅反映过往成果，而创新价值需在未来兑现。这种"时间错配"导致融资供给与企业发展陷入"先有鸡还是先有蛋"的矛盾。尽管银行业已加大科技信贷投放力度，但单笔授信额度不足、期限不够等问题仍普遍存在，加剧了"多头共贷"现象。破解这一困局，关键在于构建新的科技企业评价方法，不仅需关注盈利记录和固定资产等"硬信息"，更需要将技术前景、行业趋势、公司治理等"软信息"纳入评估框架，将"无形资产"转化为"信用资产"。通过对科技企业的精准评价，既可以提升科技企业的融资可得性，也能够助力金融机构深化业务深度。

一、科技企业评价的背景与综述

（一）科技企业评价的研究背景

科技金融的客户范围从科创标签企业扩展为科技相关产业以后，给企业评价带来新的困难。原科创金融客户的"科创标签"起到了"信用背书"的作用，显著提升了业务开展的效率与便利性。原科创客户形成了塔尖企业（已获得科创称号的优秀企业）到塔基企业（初创期、中早期的科技企业）的层级分布，从塔尖到塔基分别包括国家技术创新示范企业、制造业单项冠军、专精特新"小巨人"、省级专精特新中小企业、创新型中小企业、科技型中小企业等。

"科创称号"不仅代表着企业的技术先进程度，同时还反映了企业的经营状况。例如制造业单项冠军称号意味着企业市占率位居全球前三，专精特新"小巨人"称号意味着企业营收超过5000万元或近两年股权融资超过8000万元，专精特新中小企业称号意味着企业营收超过1000万元或近两年股权融资超过2000万元，获得这些称号的企业在很大程度上具备更低的信用风险特征，便于商业银行开展业务。举例来说，在营销拓客时，可以按照企业的"科创称号"来制定优质企业沙盘。例如，将制造业单项冠军、专精特新"小巨人"、省级专精特新中小企业认定为优质客户，可以优先进行拓展；在审查审批时，可以将"科创称号"转化为一定分值，与其他指标进行加总，将总分数作为准入的依据。总的来说，"科创称号"起到了征信的作用，促进了信贷业务开展。

表5-1　"科创称号"对应的经营类和技术类指标

科创称号	经营类指标（部分）	技术类指标（部分）
制造业单项冠军	从事相关领域时间>10年 市占率居全球前三位	产品关键性能指标处于国际同类产品领先水平 主导或参与制定相关领域技术标准
专精特新"小巨人"	从事相关领域时间>3年 近2年主营业务增速≥5% 全国细分市场占有率>10% 营收>5000万元或近两年股权融资>8000万元	拥有2项以上与主导产品相关的Ⅰ类知识产权
专精特新中小企业	从事相关领域时间>2年 营收>1000万元或近两年股权融资>2000万元	专、精、特、新四类指标评分达到60分以上

资料来源：工业和信息化部，兴业研究。

然而，对于塔基企业，其既缺少"科创称号"，暂时又没有系统性的内部评价标准，故而业务拓展面临一定的挑战。扩大后的科技金融客群范围，包含战略性新兴产业、高技术制造业、高技术服务业、知识产权（专利）密集型产业中的企业。这四类产业中的大多数企业没有获得"科创称号"，属于"塔基企业"，导致银行在营销时较难批量筛选出优质企业，审查时难以快速判断企业的好坏。特别是属于战略性新兴产业的企业，其按照涵盖多个行业的横向层级分类，不是按照类似于"单项冠军—小巨人—专精特新中小企业"的层级分层，其客户名单无法直接拿来作为业务开展的外部依据。

图5-1　战略性新兴产业的客群范围

资料来源：国家统计局，兴业研究。

但是，正是由于塔基企业所面临的挑战，使得其成为目前竞争尚不那么激烈的科技金融蓝海。塔尖企业本身质地更好，并且获得了外部认可，银行更容易对其信用进行判断。不管是人工审批，还是半自动、自动审批，获批通过的概率都较高。但是正是由于塔尖企业"优质属性"的公开性，使得银行针对这些企业的竞争更为激烈。举例来说，每年公布新一批专精特新企业名单时，都会引起银行机构按照新名单扎堆营销。而与之相比，塔基企业数量较多，但是可用于评价企业的数据较少；即使充分获取了相关数据，也缺乏基于这些数据的企业评价方法。如果金融机构对科技企业的评价能力从塔尖企业拓展到包含塔基企业在内的所有科技企业，能够从中筛选出潜力较大、确定性较高的企业，更早建立合作关系，伴随其成长，那么一方面能够更好地推动业务开展，另一方面也能更好地践行金融促进创新、创新驱动发展的使命。

（二）科技企业评价的方法综述

目前，科技企业评价方法有两类，一类是银行系评价方法，另一类是第三方数据服务商（以下简称数商系）评价方法。下面针对银行系评价方法以兴业银行"技术流"和建设银行"技术流"为代表，针对数商系评价方法以火炬中心和智慧芽为代表进行分析。

兴业银行"技术流"评价方法包括"评价模板"和"评价模型"。指标覆盖了企业工商信息、知识产权、产学研、对接资本市场、高管团队、行业地位、行业归属、获得奖补、科技资质、所属产业链、司法诉讼等维度。选用的评价指标均为事实类指标，并可以通过基础数据实现自动评价。"评价模板"采用专家打分的方法，包含8项一级指标、15项二级指标；"评价模型"采用数据驱动的方法，兼顾企业科创水平、所属产业链、经营状况、政府资质等综合因素。相比于评价模板，评价模型使用了数据驱动统计学习建模方法，提高了入模指标与参数权重的科学性、准确度，对科技型中小微企业的区分与排序能力有大幅提升。

兴业银行"技术流"基于客户偿债能力基数和客户分层额度系数测算授信敞口。首先根据客户近两年财报信息测算企业的偿债能力基数，然后根据技术流等级、内部评级映射客户分层额度系数，取两者相乘所得值与额度上限的孰低值，作为授信敞口。其中，客户分层额度系数是基于行内历史授信样本，在满足多项业务约束条件的前提下，通过统筹算法计算得出。

建设银行"技术流"评价方法包括基础"技术流"和广义"技术流"。针对除初创期以外的各个生命周期的科技企业，主要使用基础"技术流"；当企业不适用基础"技术流"或评价结果与经验判断差异较大时，使用广义"技术流"。基础"技术流"聚焦于专利结构、分布、数量及其量化分析，包括创新成果含量、专利含金量、研发投入强度、研发投入稳定性、研发早慧度五个维度的指标。广义"技术流"包含更多维度，包括企业拥有的国外专利数量与结构、企业实验室等级、企业实际控制人及管理层的学术背景和学术成就，以及科技创新企业经营经验、企业所获得的科技创新奖励、企业获得的政府补贴金额、企业参加科技创新展览展会情况等20多个维度。

建设银行"技术流"对大中型科技企业和小微型科技企业实施差异化的敞口测算。对重点支持类、优先支持类的大中型科技企业，测算额度为"资金运营量"乘以"技术流"调节系数。对中小型科技企业，测算额度在根据代发工资、纳税记录等核定的"资金流"贷款额度的基础上，增加"技术流"额度。

科技部火炬中心推出的"企业创新积分制"，是以积分的方式对企业的创新能力进行量化评价。火炬中心在对《全球创新指数》《欧盟产业研发投入记分牌》等国内外主要创新能力评价报告进行深入调研的基础上，从指标的价值发现性、可获取性、可比较性、可量化性和可解释性等方面，研究制定了量化评价企业创新能力的"企业创新积分制"核心指标。"创新积分"的评价指标包括了3类一级指标、18个二级指标。第一类是技术创新指标，包括7个二级指标，分别是研发费用金额、研发费用增速、研发费占营业收入的比例、科技人员占职工总数的比重、与主营业务相关的发明专利申请量、与主营业务相关的PCT专利申请量、企业技术合同成交额。第二类是成长经营指标，包括6个二级指标，分别是高新技术产品收入、营业收入、营业收入增长率、研究生以上人员占比、研发费用加计扣除所得税减免额、净资产利润率。第三类是辅助指标，包括5个二级指标，分别是吸纳应届毕业生人数、近两年承担建设省级及以上研发或创新平台数量、近两年获得省级及以上科技奖励数量、近两年承担省级及以上科技计划项目数量、获得风险投资金额。

"创新积分"根据行业类别不同，设置了8套指标权重。权重的设置以突出对企业创新能力评价，注重对企业成长经营能力考察为导向，综合采用了"逐级等权"的赋权方式，初步确定了3类一级指标及18类二级指标的参考权重赋值，图5-2为初创期企业的权重设置。

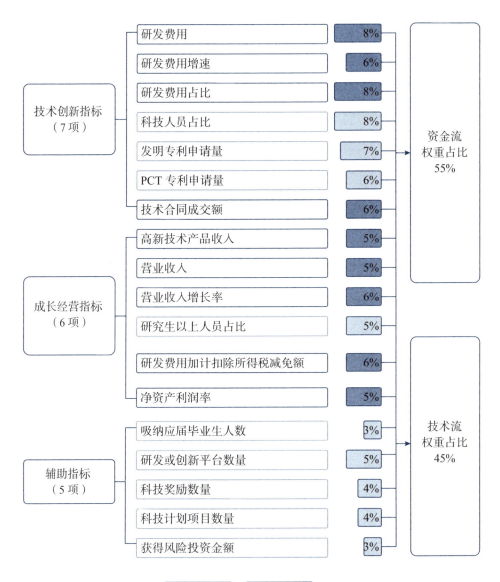

图5-2　科技部火炬中心"企业创新积分制"

资料来源：《"企业创新积分制"工作指引》，兴业研究。

从指标属性来看，"创新积分"是一个融合了"资金流"和"技术流"的评价方法。其中，营业收入、研发费用、净资产收益率等9项指标，更偏向"资金流"，在"创新积分"中的权重是55%；发明专利申请量、科技人员占比、承担科技计划项目数量等9项指标，更偏向"技术流"，在"创新积分"中的权重是45%。9项"资金流"指标中，技术合同成交额、高新技术产品收入、研发费用加计扣除所得税减免额这3项指标，较难从财务报表中获得，可能需要从科技部门和税务部门公布的相关资料中获得；其他6项指标可从财务报表中获得。根据相关报道，火炬中心企业创新积分的试点单位已覆盖133家高新区，积分企业超过11万家。[①]

智慧芽"企业科创力评估模型"实现了企业科创力的评级评分。"企业科创力评估模型"使用机器学习对样本进行训练学习，不断加入和删减因子值，直至训练出最优指标，并得出各指标的权重，最终分数由各指标得分加权而成。"企业科创力评估模型"的指标包括五个维度，分别是公司竞争力、研发规模和稳定性、技术布局、技术质量、技术影响力。公司竞争力维度包括成立时间、注册资本、融资情况、创新资质等多项指标，反映公司在资本市场层面的竞争力。研发规模和稳定性维度主要通过专利、软著、商标和研发人员数量等指标以及趋势性指标进行评估，一般持续做专利申请、专利授权率高、研发团队成员稳定的企业研发能力相对较好。技术布局维度关注各企业专利所涉及行业范围、地理布局、PCT申请总量、资质证书情况、技术集中度和广度等指标，用于判断技术储备和保护情况。技术质量维度主要通过企业专利所获奖项、发明专利占比、专利价值、预期寿命等维度进行评估，专利结构与法律状态分布合理、专利价值高、专利平均预期寿命长或者专利获奖的企业技术质量较好。技术影响力维度包括企业专利的被引用次数、专利对外许可数量、与他人联合申请的专利量等多项指标，一般专利被引次数多、有专利运营能力、与重点院所开展产学研合作的企业技术影响力较高。

---

① 我国战略性新兴产业企业规模不断壮大 相关企业数量突破200万个[EB/OL]. (2023-08-08)[2024-02-20]. http://finance.people.com.cn/n1/2023/1113/c1004-40116946.html.

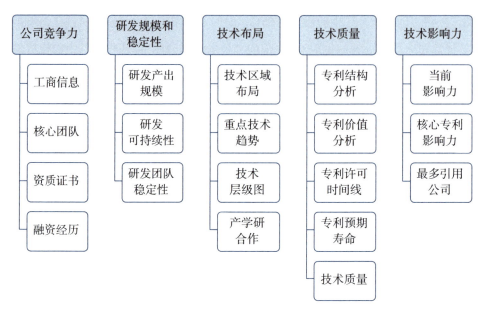

图5-3 智慧芽"企业科创力评估模型"

资料来源：智慧芽，兴业研究。

上述四种评价方法均属于基于硬信息的定量的评价方法，可能更侧重塔尖企业的评价，而塔基企业则面临"达不到现有的定量指标"和"没有增量的定量指标"的挑战。"达不到现有的定量指标"指的是塔基企业较难通过为塔尖企业设置的分数线，例如塔基企业较难在专利数量、专精特新称号、引入私募股权投资这些定量指标上拿到高分，进而无法满足营销准入的标准。"没有增量的定量指标"指的是除上述定量指标以外，塔基企业又缺少可用于评价企业前景的定量指标。总的来看，塔基企业缺少定量的硬信息，大多只有定性的软信息，如实控人的人品能力、与上下游客户的关系等。

从数学角度分析，打分表式定量方法在进行多目标分类时可能有所不足，仅仅依靠调阈值无法扩展到塔基企业。塔尖企业和塔基企业是两个分布，甚至是多个分布，如果只用一个分类标准，难以把多个分布中的优质企业筛选出来。这就像高中生和初中生都参加高中数学考试，那么即使是优秀的初中生也无法取得好成绩。考虑到塔基企业可用的定量指标类型并不比塔尖企业多，如果降低现有的阈值建立一个针对塔基企业的定量评价标准，可能导致不好的塔尖企业混入其中。这就像成绩差的高中生，如果参加初中数学考试，也能取得好成绩。

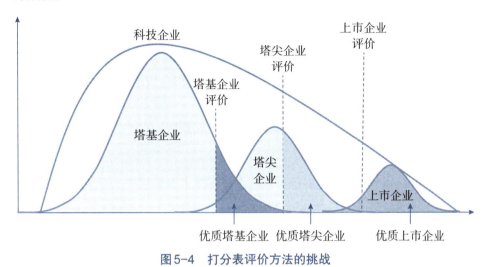

图5-4　打分表评价方法的挑战

资料来源：兴业研究。

（三）科技企业评价的研究方向

现有的科技评价方法大多属于定量方法。定量方法的优点是能够得到一个确定的分数，用这个分数作为贷前、贷中、贷后的决策依据，并且可以通过批量筛选客户沙盘来进行拓客营销。但是定量方法的前提是必须有可定量的硬信息，例如专利可以用数量定量，是否专精特新也可以用0（不是专精特新）和1（是专精特新）进行定量。然而，通过当前的定量方法评价塔基企业较为困难。

商业银行评价科技企业，特别是塔基企业，可以在基于硬信息的定量方法以外，探索基于软信息的定性方法。但是相对于基于硬信息的定量方法来说，梳理基于软信息的定性方法更加困难，也较难实现实证上的论证。尽管如此，下文还是力求对基于软信息的科技企业评价方法进行一定探索。

二、科技企业评价的基本观点

在研究科技企业评价方法之前，首先需要明确科技企业的特征、商业银行适合介入的科技企业范围、针对科技企业的业务特征和评价逻辑。

（一）科技企业的特征

科技企业相比常规企业（非科技金融客群的企业）的特征是"技术领先性"和"不确定性"。

所谓"技术领先性"，不是指科技企业在技术方面领先于竞争对手，而是针对企业自身来说有超过其当前经营表现的技术水平。这意味着科技企业未来有希望将技术能力兑现为收入和利润，即科技企业的"技术领先性"是指技术是财务指标的时间领先项。"技术领先性"在塔基企业和科技型中小企业的身上体现得更为明显。常规企业也有技术能力，但是其技术能力大多已经兑现，技术水平与财务指标都已经同步体现出来，较少体现技术在时间上大幅领先的情况。

所谓"不确定性"，不单是指技术的不确定性，而是指技术转化为收入整个过程的不确定性。科技企业相比常规企业，除了面临技术研发的不确定性，还面临产业化、批量生产、质量把控、技术壁垒、竞争格局等诸多不确定性，其中首要的是产业化的不确定性。"不确定性"对科技企业的影响比常规企业的影响更大。科技企业的研发资金大多来源于股权融资，研发失败或产业化失败会导致后续资金的接续不足，进而影响企业存续。而常规企业的研发也有失败的可能，但是由于这些企业已经有了主营业务的支撑，研发费用来自企业的营收，即使研发失败，企业仍然能够保持持续经营。

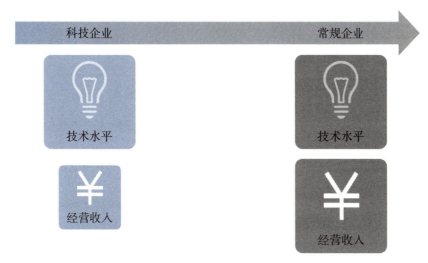

图5-5　科技企业的"技术领先性"

资料来源：兴业研究。

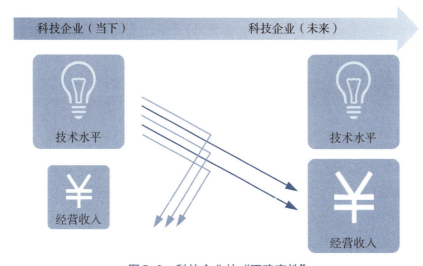

图5-6　科技企业的"不确定性"

资料来源：兴业研究。

（二）商业银行适合介入的科技企业

为了平衡收益和风险，商业银行应该设定适合信贷业务的科技企业的范围。由于科技企业的"技术领先性"，使得商业银行开展信贷业务能够有更高的利率价格以及伴随企业成长的持续收益。但是由于"不确定性"，使得科技企业不一定按预期发展，部分企业存在无法还本付息的风险。科技企业一般要经历天使轮、种子轮、A轮、B轮、C轮、D轮、Pre-IPO等多轮股权融资，越是处在早期轮次，企业的不确定性就越大，信贷风险就越高，但是银行的信贷收益并没有提高。为了平衡收益和风险，商业银行应当设定适合介入的科技企业的范围。

科技企业在不同轮次有不同的关注点。种子轮投的是"创意"，这个阶段的关注点只有想法。天使轮投的是"人"，核心团队已经形成，公司处于产品原型的开发过程中。A轮投的是"产品"（指新的产品、服务、模式，下文简称产品），这个时候产品原型已经完成研发，实现了0到1，但还需要进行产业化，解决研发到产业化之间的鸿沟。B轮投的是"收入"，这个阶段产品已经成功跑通，实现了1到100，尽管没有利润，但是已经实现了一定的规模收入。C轮投的是"规模"，这个阶段公司产品持续迭代、销售规模持续扩大。D轮到Pre-IPO投的是"利润"，这时公司已经有了可持续的利润，开始准备上市。

商业银行适合介入处于B轮及之后轮次的科技企业，即实现收入以后的科技企业。商业银行开展科技企业的信贷业务，需要确保企业能够还本付息，因此不能依靠企业的"创意"、"人"和"产品"作为还款来源，而是需要依靠企业的"收入"。对应到股权投资轮次，企业一般在B轮会实现收入，因此B轮也是商业银行适合介入科技企业的开始阶段。国家金融监督管理总局在《关于加强科技型企业全生命周期金融服务的通知》中提到，"在依法合规、风险可控前提下，规范与外部投资机构合作，独立有效开展信贷评审和风险管理，探索'贷款+外部直投'等业务模式，为初创期科技企业融资提供金融支持"。

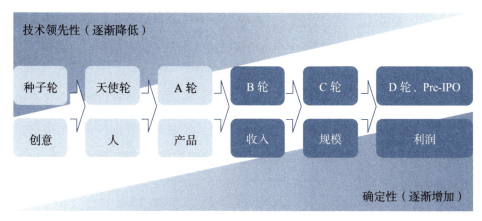

图5-7　科技企业的融资轮次与信贷依据

资料来源：兴业研究。

（三）针对科技企业的业务特征

由于科技企业具有"技术领先性"和"不确定性"的双重特征，商业银行针对科技企业的业务依据、决策内容和风险取向，均与对待常规企业存在差异。

首先，针对科技企业的业务依据，有别于针对常规企业的业务依据。常规企业的经营数据、财务报表常作为决策依据，帮助商业银行判断企业在未来能否还本付息。科技企业在处于初创期、成长期或者中小规模阶段时，既缺少足够的利润来证明第一还款来源，又缺少固定资产作为抵押。但是由于科技企业具有技术领先性，因此可以通过"技术"来预测企业未来的经营收入。由于"技术"的复杂性，除了该行业的领军人才，普通的从业人员较难判断，因此又有了以专利数量、获奖情况、科创称号为指标进行评分的"技术流"。

其次，针对科技企业的决策内容，与针对常规企业的决策存在显著差异。传统信贷在投入时就可以测算项目的产出预期，或者有充足的抵质押品；而由于科技企业的不确定性，商业银行在做出投入决策时无法得到确定的产出预期。如果把"不确定性"拿掉，那么科技企业的信用贷与常规的项目贷业务在风险方面并无区别。因此，商业银行针对科技企业的业务决策不应局限于"投"或"不投"，而应综合企业的成长潜力与不确定性进行"投多少"的决策。

最后，针对科技企业的风险取向评估，有别于传统信贷风险判断。传统信贷在投放时可以预期未来的还款来源，并且经过多道审批，实现风险把控的逐层收敛，因此个体层面的风险是可控的。对应的风险取向是有风险不投，没风险就投。针对科技企业的信贷在投放时仍存在一定的不确定性，无法得出确定的产出预期，因此理论上个体层面无法完全把控风险，只能从整体层面控制风险。完全把握个体上的风险会导致业务人员在进行科技企业业务时，倾向于挑选本质是传统信贷的项目。当然，开展科技企业的信贷业务需要业务人员在事先争取尽量看准，这样才能事后保证组合层面的风险可控，同时在个体项目出现风险时才能尽职免责。

（四）针对科技企业的评价逻辑

对科技企业的评价既需要重点关注企业的技术，还需要考虑行业发展和公司治理等维度。由于"技术领先性"的存在，使得在对科技企业的评价中，技术水平在一定程度上可以作为经营收入等财务指标的前瞻性指标，因此对于技术的评价十分重要。同时，由于"不确定性"的存在，技术并不是唯一的维度，还需要从更全面的角度去进行分析。

对科技企业评价的过程，就是看懂企业"技术领先性"，同时尽量探明企业"不确定性"的过程。技术创新、行业发展、公司治理和资金流动等维度，既可以用于单独判断"技术领先性"和"不确定性"，也可用于同时判断"技术领先性"和"不确定性"。例如，企业由连续创业成功的技术型创业者所设立，既可以代表技术的领先，又可以表示研发不确定性的降低。下文将分别对影响科技企业发展的四个维度进行详细分析，并力求梳理出好的科技企业所具备的特征和条件。

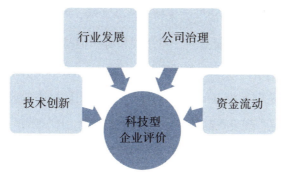

图5-8　科技企业的评价维度

资料来源：兴业研究。

三、技术创新的评价

（一）定量与定性

对技术进行评价的前提是技术在企业之间的分布是不平衡的。企业不是像新古典经济学中假设的那样，在一个同质生产函数上运营，而是存在技术上的差距。通用技术具备公开性，但是专有技术（know-how）具备缄默性，企业需要付出一定的努力才能掌握。不同企业所掌握的专有技术不同，使得不同企业的技术能力存在差别。企业技术能力的强弱虽然较难界定，但是也有一些度量手段。

技术创新可以采用定量指标进行度量，但需要区分"投入"和"效果"。进行科技企业评价时，基于需要跨行业可比较的目的，一般选择研发费用、研发费用增速、研发费用占比、科研人员占比、研究生人员占比、知识产权数量等连续型指标以及是否为专精特新企业、是否为战略性新兴产业等0—1型指标。然而，研发费用、研发人员等定量指标大多属于技术创新的"投入"层面，评价技术创新更多需要从"效果"的角度来看。

评价科技创新的"效果"，更多的是依赖定性评价。科技企业具有"技术领先性"，其技术创新的"产出"尚未转为经营业绩，因此较难通过财务指标对企业进行评价。知识产权数量是一个可用的指标，但是知识产权的价值并不能通过简单计算体现出来。有没有能够度量技术创新"效果"的指标呢？这些指标存在，但是大多是定性维度的评价，比如，核心团队过去的成绩、企业此前研发成功的产品情况、研发产品管线序列搭配情况等。

然而，对技术创新的定性评价比定量评价更为复杂。技术创新是一个永不停息的演化过程，企业能够通过创新取得技术进步和收益，竞争对手为了取得收益也只能进行创新，这就导致了熊彼特所说的创造性破坏的不断出现。在这个过程中，创新产生具有不确定性，兑现过程需要"过五关斩六将"。因此，对技术创新的评价需要从创新属性等宏大叙事，细化到创新潮流等技术趋势，再聚焦到技术路线的判断、产业化的论证，从而实现"剥洋葱"式的逐层评价。

（二）创新属性

科技企业从事的业务应该具备创新属性。熊彼特在《经济发展理论》一书中提出了五种创新，这五种创新依次对应产品创新、技术创新、市场创新、资源配置创新和组织创新。[①]科技企业应该至少符合其中的一点，才能被看作具备创新属性：

一是开发一种新的产品或一种产品的新特性；

二是采用一种新的生产方法，这种新的方法不需要建立在新的科学发现的基础上，可以存在于商业上处理一种产品的新方式之中；

三是开辟一个新的市场，也就是有关国家的某一制造部门以前不曾进入的市场，不管这个市场以前是否存在；

四是获得原材料或半成品的一种新的供应来源，无论这个来源之前是否存

---

① 约瑟夫·熊彼特.经济发展理论[M].何畏,易家详,等译.北京:商务印书馆,2020:76.

在，还是第一次创造出来；

五是形成一种新的组织，比如建立一种垄断或者打破一种垄断。

（三）创新潮流

创新可能存在多个技术潮流，不同潮流可能会"轮流领跑"，需要判断哪种技术潮流会"率先冲线"。举例来说，新能源汽车行业一直存在锂电和氢电之争，在发展早期，锂电汽车曾经多次出现起火、爆炸等危险事件，使得市场疑虑锂电能否引领未来的技术潮流、思考氢电是不是更好的方向。技术潮流并非从科研突破后就会马上到来，例如锂电池在20世纪70—80年代由斯坦利·威廷汉、约翰·古迪纳夫和吉野彰发明，并在90年代得到了商业化，再到批量应用到电动车上，仍经历了二三十年的时间。如果技术潮流还没有兴起，则意味着整个产业链的业务都需要谨慎。

在判断技术潮流时，需要综合考虑"产学研官"的各方观点，了解政策倾向和科研进展。通过咨询政府人员，了解政策对不同技术潮流的友好程度和支持力度。通过咨询科研人员，了解相关的科研是否有所突破等。同时，还需要关注该技术潮流在国际上的发展趋势。在对技术浪潮进行战略性判断时，需要综合分析各方的观点。在技术潮流的临爆点介入，能够有更大的收益，并且能够实现更安全的退出。如果技术潮流尚未成熟，仅仅是概念热度很高，并不适合商业银行大规模介入，以避免技术失败风险转化为系统的金融风险。

技术潮流的到来离不开产业配套的成熟。上文提到的新能源汽车的兴起，虽然离不开电机、电控、电池技术等关键技术和零部件的成熟，但也离不开电力系统的强大承载能力，即输电网、变电站、配电网等电力基础设施的建设。与制造业的"产业配套"相同，零售业的"行业生态"有着相似的内涵。张磊在《价值》一书中对零售业的生态进行了描述。[①]零售业的初始形态是夫妻店；

---

① 张磊.价值[M].杭州:浙江教育出版社,2020:91-100.

铁路的出现使得一家工厂生产的产品能够供应全国，催生了连锁店的出现；电视的出现使得商品能够做大规模的宣传，催生了知名消费品公司；汽车的出现，使得地理位置不再是关键，偏远但便宜的大型超市得以出现。对于新能源汽车来说，电力系统是其能够发展的"产业配套"；对于连锁店、消费品公司、大型超市来说，铁路、电视、汽车是使其能够发展的"行业生态"。

（四）技术路线

对于同一个技术潮流，往往存在多条并行的技术路线。例如锂电池汽车的三元锂和磷酸铁锂之争、纯电和混动之争等。之所以存在多元化的技术路线，原因之一是创新的分布属性，即创新可以出现在产业链各个环节的各个企业中，而不是集中在单个环节的单个企业中。普希尔在《创新的源泉：追寻创新公司的足迹》中提到，创新并非仅限于制造商，而是分布在上下游不同环节。[①]在一些领域，创新来自客户，制造商从客户处获得关键信息，并且将其进行产业化；另外一些领域，创新来自制造者本身的研发或者同行之间的交流，通过改善自己的设计、生产，进而在新产品销售中获益；还有一些领域，创新来源于上游的设备或材料供应商，供应商为了销售自己的产品，将创新向下游客户推广。创新来自上、中、下游不同环节和不同企业，导致创新的方向必然是多元的。这些多元化的技术路线，随着市场竞争，将会逐渐产生出主流路线和标准产品。

针对多元化的技术路线，银行需要识别企业所选的技术路线是否能够真正应对市场需求。举例来说，制造商和客户都可能对产品进行了创新改进，假设客户对产品的需求是提高可靠性，并且自行替换了部分零部件进行改进，而制造商并未注意到客户的需求，使得企业用力用错了方向。对于银行业务人员来说，如果能够掌握产业发展路线，可以直接判断企业在低成本方面的创新是否

---

① 埃里克·冯·普希尔.创新的源泉:追循创新公司的足迹[M].柳卸林,陈道斌,译.上海:东方出版中心,2022:41-63.

为客户真正的需求，进而判断企业的发展前景。当业务人员对企业的了解只限于企业内部时，那么需要关注企业是否对上下游有足够紧密的联系。如果企业与下游客户有足够密切的交流，或者本身已经在行业核心企业的供应链上，就有理由相信公司创新的方向是市场的需求方向。

更进一步地，银行还应该关注企业在该技术路线上是否领先。所谓"领先"，不一定是在大的行业领域内领先，但应该在某个细分领域领先；不一定是全球领先，但应该是国内领先，最好具备一定的技术门槛。需要注意的是，有的企业处在科技含量较高阶段上，但是行业的领先不代表企业的领先，需要关注高端产业的低端化问题。

（五）产业化

即使科技企业迎来了主流的创新潮流，布局了有市场潜力的技术路线，并且已经具备了领先的技术，还需要关注其产业化进展。产业化是指将研发成果转化为产品，并实现批量、低成本生产的过程。即使科技企业的技术在各个方面尽如所期，也要观测企业的产业化进展是否符合预期。如果产业化不成熟，会导致产品价格过高，或者质量可靠性较差，进而影响新产品的销售。王煜全在《中国优势》一书中提到，很多科技企业不是"死"在研发的路上，而是"死"在研发完成后量产的前夜。[①]

然而，对产业化的预判是银行面对的一个难点。理想做法是，根据产业化的里程碑进展，分阶段进行放款。但实际情况是，企业在产能建设阶段资金需求较大，需要建设厂房、购买设备、招聘人员，但这个时点无法得到验证，因为生产达到预期的效率、良率和成本需要时间；等到能够验证产业化结果时，距离资金投入已经过了较长时间。技术可以通过技术指标来在某个时间点进行判断，而产业化需要一个时间段来进行验证，因此对其成败的判

---

① 王煜全.中国优势[M].北京:中信出版社,2020:13.

断更加困难。

产业化的成功有诸多影响因素，人才和资金对于产业化成败有重要影响，除此以外，"企业是否属于下游核心企业的供应链体系"也是一个重要因素。从事创新的科技企业，如果已经在下游核心企业产业链体系内，会具有多个优势。比如说，可以通过与客户的密切交流，得到客户在产品性能、成本方面的反馈，并有针对性地进行调整，同时积累专有经验和技术门槛；又比如，可以得到产品销售"事前承诺"，即产业化达到特定条件就能被客户采购，从而加大股东和投资者的投入决心。"属于下游核心企业的供应链体系"，一定程度上使得企业的产业化进展更为顺利，也能帮助银行做出判断。

四、行业发展的评价

具体企业质地与行业发展没有直接关系，但是行业发展却直接影响着企业的发展，因此商业银行在评价企业时也应该重点考虑行业发展。对行业的整体把握，需要关注政策环境的变化、行业空间和行业当前的发展阶段。

（一）政策环境

政策环境对行业发展有重要影响，其中最为直接的主要是行业政策和融资环境。

行业政策，可以从供和需两方面对行业产生深远影响。以光伏行业的发展为例来简要说明。国内光伏行业的大规模发展从21世纪初开始。2000年，德国率先实施"标杆电价"政策，规定电网必须以"标杆电价"购买光伏发电。标杆电价高于光伏的发电成本，使得行业有利可图，推动了国内光伏行业的早期发展。2008年，国际金融危机爆发，国外需求下滑，使得国内光伏行业经历了第一次寒冬。2011年，随着欧债危机和美欧"双反"政策冲击，国内光伏产业经历了第二次寒冬。随后国内开始分阶段实施"标杆电价"补贴政策。2013年，随着地区差别定价的实施，国内市场需求增长，下游市场从国外市场依赖转变为内外需并存。2015年，国家发布了"领跑者计划"，促进了先进光伏技术的产品应用和产业升级，使得国内PERC电池的产能急剧增加。2018年，"531新政"出台，大幅降低了补贴电价，光伏行业进入第三次寒冬。但是同年9月，欧洲取消了"双反"调查，同年11月，政策又重新回暖，使得第三次寒冬影响较为短暂，迎来一个阶段的发展。2022—2023年，美国、欧盟分别提出《通胀削减法案》和《净零工业法案》，可能对光伏行业未来的发展产生影响。

图5-9 产业政策影响行业发展：以光伏行业为例

资料来源：英国石油，兴业研究。

　　融资环境，可以影响资金供给与行业偏好，进而影响到企业发展。科技企业的发展离不开持续的资金支持，特别是股权资金的支持，而获取股权资金的难易程度受到融资环境的影响。在过去一段时间内，部分企业通过堆资金、堆产能，快速推高估值实现IPO退出，但是这些企业并非真正属于技术创新驱动。科技企业有着长周期、高投入、高研发、高风险的发展规律，从成立到上市通常需要7~10年，这个过程需要有持续的资金支持，如果企业的资金无法接续，会影响到企业的生存发展。

在IPO收紧并传导到一级市场时，行业的偏好发生分化：属于国家政策鼓励的行业、有科技创新含量的企业会继续得到鼓励；而科技属性不足、估值过高、收入利润不达标的企业可能较难获批；技术优势和差异化不足、商业化不明确的行业，可能较难继续获得股权投资。因此，评价科技企业时也需要考虑融资环境的因素，注意进行股权资金无法接续时的压力分析。

（二）行业空间

行业空间不直接影响企业质地，但是影响企业发展的上限。投资机构往往会选择能够实现上市体量的科技企业进行投资。较大的行业空间，能够培育出达到上市体量的企业。同时，行业空间更大，容纳的资金体量更大、流动更频繁，对信贷业务的带动效果更好。

在市场规模分析方面，建议关注大市场或者大市场中的细分市场。大市场可以提供更大的发展空间，企业发展的天花板更高。与此同时，也不应忽视大市场中的细分市场。波特在《竞争优势》一书中提到，由于细分市场中的结构吸引力和竞争优势需要的条件是不同的，大企业可能无法覆盖全部细分市场的需求，这为中小型科技企业提供了发展空间。[1]随着总体市场的增长，细分市场也有进一步增长的空间。以锂电设备行业为例，在行业规模较小时，设备商集中在价值量较大的部分，前段的涂布机、中段的卷绕机和后段的化成分容设备，这些行业中出现了多家规模较大的上市公司（例如先导智能、赢合科技在2015年上市，杭可科技在2019年上市）。随着行业规模增长，原来规模较小的细分环节，例如专用的检测设备、激光焊接设备和设备零部件等，也成长出细分行业的上市公司（例如日联科技、逸飞激光、曼恩斯特等均在2023年上市）。

---

① 迈克尔·波特.竞争优势[M].陈丽芳,译.北京:中信出版社,2014:187-188.

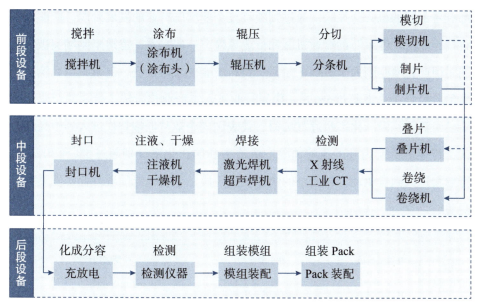

图5-10　锂电池生产的主要设备

资料来源：兴业研究。

（三）行业阶段

行业进入到不同发展阶段，企业的核心竞争力类型也会有所不同。波特在《竞争战略》一书中提到，行业发展早期，专有技术、分销渠道、经验曲线的重要性更高，而品牌（品牌刚刚建立）、规模经济（行业规模还较小）并不是那么重要。[①]波特的观点对于评价科技企业的启发在于，针对不同发展阶段的行业，评价企业的侧重点有所不同，首先要判断行业的发展阶段，然后才能评价在当前阶段，企业的核心竞争力是哪些。

在行业阶段分析方面，可以采用前文提到的"渗透率—国产化率"分析框架。该框架从行业发展的共性驱动因素出发，结合渗透率和国产化率这两个指标，将行业发展划分为五个阶段。行业发展有其特定的成长路径，每个阶段

---

① 迈克尔·波特.竞争战略[M].陈丽芳,译.北京:中信出版社,2014:185-197.

都有着不同的机会与风险。通过判断科技企业所属行业的发展阶段，能够识别科技企业所"继承"的行业机会和行业风险。一般来看，渗透率刚刚突破5%，同时国产化率刚刚大于30%的阶段，是科技企业发展最快，也是收益风险比最高的阶段。渗透率超过5%时，代表行业进入了产业化阶段，行业的产业化风险已经消除；国产化率超过30%时，代表国内企业从低端替代进入到中高端替代，行业的低端内卷的风险消除。渗透率和国产化率分别超过5%和30%时，行业会进入到自驱动、自激励的快速发展阶段，企业也能随着行业的发展充分受益。

图5-11　行业成长阶段的"渗透率—国产化率"分析框架

资料来源：兴业研究。

（四）行业趋势

分析行业趋势有助于在总体层面对企业进行把控，弥补个体层面的不确定性。以新能源行业为例，光伏行业在2019年上半年、锂电行业2020年下半年时，纷纷有激进的扩张计划，有的企业要贷款成倍扩大产能。对这些项目的审查很难从单个企业层面得出确定的结论，需要结合行业的发展趋势来看。如果判断行业处于爆发风口，那么不仅可以介入单个环节，整个产业链上下游均可以介入，从而降低整体风险的变异性。相反，如果处于行业下行周期，那么不仅需要对已经有风险迹象的企业保持谨慎，受到影响的上下游也应该进行关注，从而降低整体风险。

除发生变化的趋势以外，对科技企业的判断还要结合行业的一般规律。例如某个企业在前三季度现金流较差，在第四季度集中回款，这时需要判断该季节性特征是行业的一般规律，还是企业的个别现象。如果企业表现与行业一般规律不符，那么需要进一步探明其合理性。

五、公司治理的评价

公司治理维度，包括关键人员和融资结构两个方面，两者均是商业银行评价科技企业的重要依据。CEO、CFO、CTO等关键人员体现了企业的技术水平和技术兑现能力。融资结构体现了企业发展是否符合预期，商业银行可以借助融资结构判断科技企业的发展前景。

（一）关键人员

关键人员对企业的发展有重要的影响。科技企业的关键人员一般指创始人、CXO级别管理层等影响企业发展的关键人物。马拉比在《风险投资史》一书中写道，最有价值的企业在寻找资金时可能还没有盈利，同时也缺少构成账面价值的实物资产。[1]因此风险投资人只能在没有金融指标的情况下，去押注企业，并且选择了其他信息作为参考——通过对人的审视来发现所需要的信息。

因此，对关键人员进行判断是评价科技企业的重要手段。前文提到，技术

---

[1]　塞巴斯蒂安·马拉比.风险投资史[M].田轩,译.杭州:浙江教育出版社,2022:52.

创新是不确定的，但这种不确定性对企业和金融机构也有不同程度的区别。企业自身对技术更加了解，会更加确定；而金融机构对技术不太了解，因此会更加不确定。一个诀窍是，在业务人员不具备技术知识储备的情况下，可以通过"讲话的人"的可信度来把握。业务人员可以去了解关键人员的背景是什么、出身是什么、有哪些成功的经验、得到哪些投资人的认可。也就是说，可以通过对"人"的判断，进而实现对技术和公司的判断。

关键人员应该"长什么样"，才能更好地带领科技企业发展？弗里曼和苏特在《产业创新经济学》一书中写到的萨福项目，涉及这方面的研究。[①] 萨福项目是最早在实证层面探索创新成功规律的一项研究，该研究由英国萨塞克斯大学科技政策研究所实施，从20世纪70年代开始，持续到20世纪90年代，意图在各个产业部门中选择一家创新成功的公司和创新失败的公司进行配对比较，从而得出创新成功的规律。萨福项目第一阶段对29家科学仪器和化学工业的创新成功企业进行了对比研究，其中对关键人员的研究结论是，创新成功者往往资历更深（未必年龄更老）、更有经验、权力更大、地位更高。阚治东在《创投家笔记》中提到，美国创投机构物色的是企业家，强调创办企业的经验，中国创投机构物色的是专家，重视技术背景。[②]"企业家"和"专家"在科技企业中都十分重要，并且这些角色可分别由不同职能的人承担，下文分别从CEO、CTO、CFO的维度，对关键人员的优秀特征进行进一步研究。

对CEO的评价。成功的CEO与失败的CEO有明显区别。总的来看，成功的CEO需要准确洞察用户的需求，将市场与技术进行有效的结合，并为研发、生产、销售提供充足资源。企业的不同发展阶段，对CEO有不同的要求。在MIT

---

① 克里斯·弗里曼,卢克·苏特.产业创新经济学[M].华宏勋,华宏兹,等译.上海:东方出版中心,2022:246-266.

② 阚治东.创投家笔记(1999—2019)[M].北京:社会科学文献出版社,2020:316.

一项关于初创公司成功或失败因素的研究中，涉及CEO标准的相关研究。①在企业的初创期，好的CEO应该在各项工作的一线，无论是销售、产品开发还是财务。在公司尚未进入正轨时，好的CEO应该了解业务的每一个细节，并且应该平衡短期支出和长期计划，不断筹集资金为发展做准备。英伟达的创始人黄仁勋在访谈中提到："初创公司的生存非常重要，现金为王。作为CEO，要么赚钱、省钱，要么筹集资金，所以在企业早期，我一直在筹钱，一旦筹集完这一轮，就会筹集更多的钱。"在企业成长期，好的CEO应该致力于流程和制度的完善，将职责逐渐委托给其他的管理成员。因为按照管理学的观点，一个人直接管理的人数是有极限的，随着人员的增多，需要建立管理层级，并通过制度和流程来确保每一个人都能做出有利于公司的行动。在企业的成熟期，好的CEO专注于战略规划和管理，并与CTO或CFO保持良好沟通，实时检查研发进度和财务报告。

对CFO的评价。优秀的CFO也需要匹配企业的发展阶段。MIT关于初创公司成功或失败因素的研究中，也涉及对CFO的相关研究。在企业创业伊始，公司可能仅需要一个记账会计。这个阶段可以由CEO兼任财务工作，这样可以更好地介绍公司、筹集资金和制定预算。在企业成长的中期，需要招聘财务总监，建立财务部门的规范制度。此时可以引入CFO，负责接替CEO在融资方面的工作。好的CFO应该有在大企业工作的丰富经验或者辅导企业上市的经验。在企业发展的成熟期，必须要有专门的CFO负责推动上市，对券商、律所、会所进行有效的协调，对上市的要点进行准确的把控，从而提高企业上市的成功率。

对CTO的评价。相比在企业发展不同阶段对CEO和CFO要求的变化，对CTO的要求似乎更加从一而终。科技企业所具备的"技术领先性"，就是通过CTO来体现的。好的CTO应该掌握最新的技术发展，并且是业内最资深的售前

---

① YUE F. The Roles of Finance at Different Growth Stages of Startups[D]. Cambridge, MA: MIT, 2007.

顾问，对客户的需求有深刻的了解，同时需要了解技术怎样才能转换成业务。在MIT的另一项研究中，通过对领英的100名CTO进行定量分析和对20名CTO的访谈，得出好的CTO应该具备如下五个特征中的一个或多个的结论。[①]这五个特征分别是传道者（在公司内外广为人知，通过主导行业变革来增加公司销售）、锚定者（负责现有技术的盈利和未来技术的投资决策）、协调员（协调公司长期利益，说服营销与生产）、远见者（预计技术对公司的影响）和策略师（设定公司的目标市场，制定竞争战略）。

科技企业除了要拥有好的CEO、CFO和CTO，还需要有使其发挥作用的激励措施。拥有股权对于代理人来说是一个强有力的激励相容措施，能够使得公司上下一心，而缺少股权激励将会导致委托人和代理人利益的不一致，导致公司不稳定性的增加。典型的案例就是半导体发展历史上的"仙童八叛将"，仙童半导体最初设计了为让核心人员拥有股权的结构，公司实现了快速发展；在投资人获得了公司的全部股权后，公司快速发展的"魔法"被破坏，"八叛将"在很短的时间内陆续出走，开创了自己的事业。在股权激励方面有不少专业的论述，这里不再赘述。

（二）融资结构

科技企业在发展过程中往往需要不断融资。企业基本的融资方式包括股权融资和债权融资。股权融资一般包括风险投资（VC）、企业风险投资（CVC）、私募股权（PE）、政府出资产业投资基金等形式。债权融资一般来自银行贷款、发行债券等。科技企业在体量较小时，不具备发债的条件，债权融资一般来自银行信贷。

能否持续获得风险投资的资金注入，是反映企业发展是否符合发展预期的重要表征。企业能够获得风险投资，不仅便于商业银行判断科技企业的发展前

---

① JEAN-MICHEL P. What Defines A Great CTO[D]. Cambridge, MA: MIT, 2019.

景，还提供了可以用于还本付息的融资性现金流，进而促进银行对科技企业的信贷。

融资结构中的股权投资也可以帮助商业银行判断科技企业的发展前景。投资机构对于企业的判断有自己的专业优势，获得投资机构的投资的企业，意味着在过去的时间里成功兑现了"技术先进性"，投资人认可了企业的发展。马拉比在《风险投资史》一书中提到，当一轮风险投资资金耗尽时，如果没有下一批买家购买初创企业的股权，说明企业没有经受市场的考验。[①]

同时，企业获得股权投资还能反映出额外的信息。如果企业获得产业链核心企业的CVC支持，既可以说明该企业的技术潜力受到下游认可，又代表销售方面有了一定保证，"不确定性"进一步消除。如果企业获得头部创投的投资，意味着企业获得了头部投资人的认可，进入了投资机构的"网络"，未来继续拿到其他投资机构投资的渠道就会更加通畅。相反，如果企业描述的前景十分诱人，但是缺少头部创投真金白银的认可，那么需要对企业质地进行进一步的分辨。

无论是科技企业还是常规企业，信贷还款形式必须是货币资金。货币资金的来源有四种，分别是营业收入、资产处置收入、借入债务、收到权益性资金投入。[②]通常情况下，营业收入是偿还债务的主要来源，资产处置收入也是偿还债务的来源，借入债务在实际中也是重要途径。而权益性投资，对于常规企业来说，由于不具备可持续性，一般不作为还款来源。

而对于科技企业，信贷的还款来源与常规企业不同。首先，由于科技企业轻资产的特征，因此资产处置较难作为信贷还款来源。但是由于科技企业在实现产品收入以后的融资持续性，权益性资金一定程度上可以作为其还款来源。例如硅谷银行为接受过风险投资资助的企业（venture-backed companies）提供配套信贷资金，可能就是基于这个逻辑。

---

①　塞巴斯蒂安·马拉比.风险投资史[M].田轩,译.杭州:浙江教育出版社,2022:13.

②　刘元庆.信贷的逻辑与常识[M].北京:中信出版社,2016:156-160.

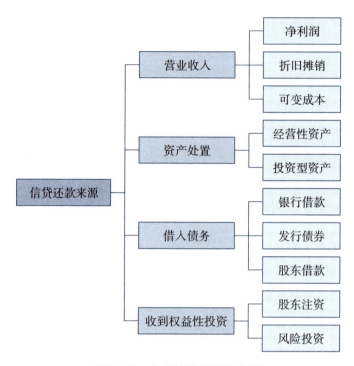

图5-12 企业的信贷还款来源

资料来源：《信贷的逻辑与常识》[1]，兴业研究。

科技企业的还款来源按照质地排序，依次是净利润、营业收入中的折旧摊销部分、营业收入中的可变成本部分、借入债务和收到权益性投资。对于A轮及以前的企业，由于产品尚未跑通，缺少可预期的还款来源。对于B轮及以后的企业，由于产品实现了销售收入，不确定性有所降低，因此可以预期通过新借入的债务和收到的权益性投资作为还款来源。对于C轮的企业，由于实现了较大的销售规模，因此还可以将营业收入中的折旧摊销等固定成本和原材料等可变成本作为还款来源。对于D轮和Pre-IPO轮的企业，由于企业已经实现盈利，还款来源可以再加上净利润。从还款来源这一角度来看，进一步体现了商业银行适合介入B轮及以后的科技企业，即实现收入以后的科技企业。

---

① 刘元庆.信贷的逻辑与常识[M].北京：中信出版社，2016：156-160.

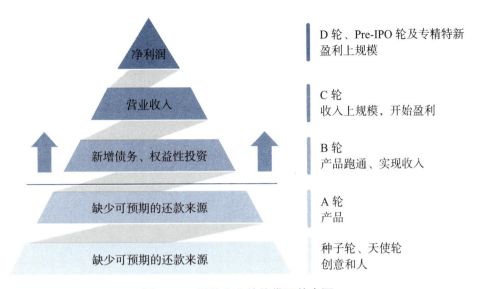

图 5-13　科技企业的信贷还款来源

资料来源：兴业研究。

六、资金流动的评价

除了上述三个维度的分析，商业银行还可以通过企业的资金流动来判断企业的发展情况，这也是商业银行相比风险投资机构独有的优势。对常规企业来说，对现金流的控制是贷后管理的重要抓手，能够把控企业的还款来源。对于科技企业来说，对现金流的监管具有更重要的意义。一方面，商业银行对于科技企业的业务体量一般会随着企业的发展而逐渐增大，从数百万到数千万，再到上亿，在这个过程中，需要不断验证企业的发展是否符合预期，而资金流动是企业发展情况的表现形式，能够作为商业银行判断企业发展的更为直接的依据。另一方面，科技企业信贷在个体层面的不确定性更高，信息不对称难以消除，商业银行通过现金流能够获得一手的信息，有助于识别异常信号。有研究表明，针对中小企业来说，企业在银行的交易信息比企业的资产负债表信息更能预测企业的违约情况。[1]流贷使用额度和中长期贷款等历史借贷信息，为商业银行提供了一个了解借款人现金流的实时窗口。[2]

征信必须"可知"才"可用"。《云上银行》一书中提到了数据带来信用，基于支付宝和淘宝数据做小微业务、基于天猫数据做品牌商的供应链金融、基于菜鸟数据做物流金融。[3]那么对于科技企业，银行有哪些可以挖掘的数据？银行可以为企业开立基本账户，通过收单、结算获得企业资金流动信息，这些信息是最直接、最高频的可知信息，蕴含着进一步开展科技企业信贷业务的征信宝藏。

第二节　面向国内科技企业的授信测算方法

企业评价和授信计算分别是定性问题和定量问题。企业评价回答"贷不贷"，授信计算回答"贷多少"。科技企业多少有一定的不确定性，因此商业银行需要结合"贷多少"来决定"贷不贷"。因此，只有解决授信额度计算这一定量的问题，才能最终落地好科技金融业务。现有的授信计算方法适合成长期、成熟期的科技企业，但不适合初创期、引入期的科技企业。成长期、成熟期科技企业的技术水平已经兑现为财务表现，银行可以采用财务报表法、资产抵押法来测算信用贷款额度，或者基于科创称号背书设置专属产品，但是中早期的科技企业资产规模小、财务滞后性大、不确定性高，较难得到足够额度、足够

---

[1]　MICHELE P, FILOMENA P, CARMEN G, Vincenzo F. Predicting SMEs' Default Risk: Evidence From Bank-Firm Relationship Data[J], Quarterly Review of Economics and Finance, 2023, 89: 254-268.

[2]　NORDEN L, WEBER M. Credit line utilization, checking account activity, and default risk of bank borrowers[J], Review of Financial Studies, 2010, 23: 3665-3699.

[3]　蓝狮子.云上银行[M].北京:机械工业出版社,2019:100-101,118-119,144-145.

期限的信用贷款。因此，针对中早期的科技企业，有必要研究相适应的授信计算方法。

一、问题所在

科技企业处于不同阶段，可以通过不同的方式获取融资，但是从初创期跨入到成长期的转变阶段，存在一个明显的融资缺口。这个缺口最早称为麦克米伦缺口（Macmillan Gap），由20世纪30年代英国金融产业委员会在《麦克米伦报告》中提出，指中小企业对债务和资本的需求数额高于金融体系愿意提供的数额。当下融资缺口有着新的形式，具体表现为：成长期、成熟期科技企业融资需求较为容易满足，而对于科技初创企业，种子资金（股东注资、民间借款、天使投资）已经用完，后续融资难以跟上，发展面临"先有鸡还是先有蛋"的循环困境（Cyclic Dilemma），即融到资才能发展，发展了才能融到资。而无论是股权融资还是债权融资，都无法令人满意地解决这个阶段企业的融资缺口。在风险分担与补偿类贷款等措施的保障下，科技初创企业的"首贷"已经可以解决，但是融资额度和期限仍然"不够解渴"。举例来说，一家科技初创企业已经成功研发出了一款新产品，有较大的市场前景，需要2000万元2年期的资金来建设产线。而当前企业只有几百万元的年收入，可抵押的固定资产也较少，按照财务数据无法推断出企业有2000万元的还款能力，因此银行一般只能给到500万元1年期并附带一系列条件的贷款。

从直接融资角度看，风险投资对科技初创企业的覆盖率相比整体来说仍然较低。风险投资考虑的是能够通过退出来获得收益，只有具备退出潜力的初创企业才会获得风险投资。然而，并非所有的初创企业都能长成能够退出的体量，有些细分行业（例如高端装备、新材料的一些细分行业）市场体量较小，企业未来虽然会快速发展，但是企业未来的发展预期不足以满足上市或并购退出的条件，那么当下就会较难获得风险投资。如果将天使轮、A轮、B轮融资的企业视为科技初创企业，根据企名片统计数据，2024年一季度科技初创企业融资笔数为1700笔。同时，根据启信宝数据，同期成立的企业数量为654万家，获得股权融资的科技初创企业比例为万分之2.6。此外，风险投资也具有较强的周期性，在市场偏紧的阶段，股权融资的笔数和额度也会大幅下降。对于大量有成长性、有创新潜力但达不到资本市场门槛的科技初创企业，寻求贷款融资就是普遍途径。

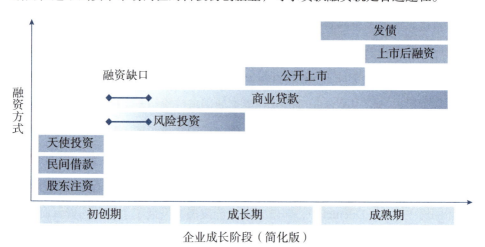

图5-14　企业不同成长阶段的融资方式

资料来源：兴业研究。

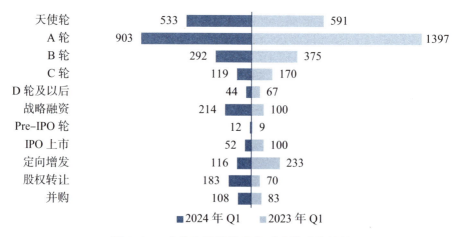

图5-15　企业各融资轮次和形式的融资笔数

资料来源：企名片，兴业研究。

从间接融资角度看，银行对科技企业的支持更偏向成长期和成熟期，对科技初创企业一般会进行信贷配给（Credit Rationing）。一项对19家银行的调研中有这样一个问题，"贵行支持的专精特新企业大多数处于什么阶段？（选项为种子期、初创期、成长期、成熟期）"，其中13家银行选择了成长期，5家银行选择了成熟期，1家银行选择了其他，没有银行选择种子期和初创期。统计数据显示，科技金融重点服务的专精特新"小巨人"的平均成立年限为16年[①]，专精特新中小企业平均成立年限约为12年[②③]，这从另一个角度也支持了调研结果。

面临科技初创企业的融资缺口，监管和银行均有意愿进行解决。国家金融监督管理总局发布的《关于加强科技型企业全生命周期金融服务的通知》中提到，"支持初创期科技企业成长壮大。鼓励银行机构在防控风险的基础上加大信用贷款投放力度，开发风险分担与补偿类贷款，努力提升科技型企业'首贷率'"，并且规定"小微型科技企业不良贷款容忍度可较各项贷款不良率提高不超过3个百分点"。如果成长期、成熟期企业的科技金融业务是"红海"，那么科技初创企业的科技金融业务就是竞争不那么激烈的"蓝海"。在此情形下，银行探索"蓝海"的意愿也格外强烈。

然而，拓展科技初创企业的信贷业务，需要开发专属的授信计算技术。按照信息获取方式，授信技术可以分为财务报表型贷款、资产抵押型贷款、关系型贷款和信用评分型贷款四种。对于处于成长期、成熟期且已经呈现亮眼经营数据和财务指标的科技企业，商业银行可以采用财务报表型贷款或资产抵押型贷款的方式，这个阶段的科技企业授信计算与传统行业成熟企业的授信计算差

---

① 专精特新"小巨人"企业全景分析［EB/OL］.（2024-01-23）［2024-07-25］. https://www.chinasme.org.cn/html/mcms//daohang/zhongxingailan/neishejigou/xuanchuanbaodao/meitiguancha/1749628611998715906.html.

② 重磅！深圳新增认定4826家专精特新中小企业［EB/OL］.（2023-04-14）［2024-07-25］. https://gxj.sz.gov.cn/xxgk/xxgkml/qt/gzdt/content/post_10543462.html.

③ 全国第一！上海专精特新企业破万家［EB/OL］.（2024-03-11）［2024-07-25］. https://mp.weixin.qq.com/s?__biz=MzA3NzYwNTY1MQ==&mid=2650649043&idx=1&sn=0a63a0806de99b825c384b910bf6f8f1&chksm=860b768516bc6ebc323609aba17ce8abe8641bd92892eed3ccff4c71f3acb6402c9573d52fb5&scene=27.

异不大。但是，商业银行对初创期的科技企业缺少合适的贷款技术。首先，科技初创企业的资产规模较小，财务数据的滞后性较大，存在资产和信息的双重约束，导致财务报表型贷款和资产抵押型贷款对于科技初创企业来说过于严格，无法满足风控标准，因此也较难得到贷款或者贷到足够的信贷额度。其次，关系型贷款也不适用于科技初创企业，因为科技初创企业成立年限很短，难以建立长期的信任关系。最后，信用评分型贷款更加适合普通的小微企业，不适合科技初创企业（即科技型小微企业），原因是信用评分给到的额度往往较低，并且依赖于个人信用而不是公司信用。

表5-2　四种授信计算技术

贷款技术	适合企业	授信计算依据
财务报表型贷款	成长期、成熟期的科技企业 传统行业的成熟企业	财务报表
资产抵押型贷款	成长期、成熟期的科技企业 传统行业的成熟企业	担保、抵押品
信用评分型贷款	小微企业、个体户	日常经营数据
关系型贷款	有长期合作关系的企业	私人接触的信息

资料来源：《美国中小企业金融支持研究》[1]，兴业研究。

二、解决思路

初创企业授信计算的关键在于如何利用好财务数据以外的软信息。《财务报表阅读与信贷分析实务》中写道，不同发展阶段的企业有不同的分析重点，初创阶段重点分析收入增长、自由现金流和各项非财务指标，成长阶段重点分析收入增长、资产结构和财务弹性等指标，成熟阶段重点分析资产收益率、收入成本比和现金流量等指标[2]。在金融领域，硬信息是量化的、客观的、易于验

---

① 阮铮.美国中小企业金融支持研究[M].北京:中国金融出版社,2008:59-60.
② 崔宏.财务报表阅读与信贷分析实务[M].北京:机械工业出版社,2021:33-36.

证的数据，包括财务报表、信用评分、历史还款记录、收入证明等，软信息是定性的、主观的、不易量化的数据，包括企业技术水平、实控人性格、管理能力、团队的经验、经营策略、市场声誉等非财务指标。对于科技初创企业，预测其收入增长和现金流的依据有且只有非财务指标这类的软信息，而不是历史财务数据这类"硬信息"。预测得准不准、可靠不可靠，取决于软信息的掌握和使用。

更进一步地，科技初创企业授信计算需要解决软信息的采集、传递和使用。财务数据等"硬信息"易于采集，能够无损传播，并且易于使用。举例来说，一家企业当年的营业收入是3000万元，客户经理相对比较容易核实和采集。3000万元这个信息也很容易传递，授信报告上写了3000万元，审查员审核时看到的是3000万元，审批官审批时看到的也是3000万元，这个信息在传播时没有衰减（不会变成2999万元）。3000万元这个信息也很容易使用，如果授信规则认为贷款额度是营收的50%，并且这家企业其他方面都没有问题，那么无论任何分支机构、任何人员来做这个业务，都可以给企业批下来1500万元。而软信息的采集、传递和使用就非常困难。首先，软信息很难采集，企业的技术怎么样、实控人怎么样，需要客户经理花费较长时间去了解。其次，软信息很难传递，每在业务链条传递一次，都会损失信息量。举例来说，如果客户经理认为一家公司技术实力"很强"，用大段文字来描述，审查员看到后可能认为公司技术实力"比较强"，审批官看到后可能认为公司技术实力"还可以"。最后，软信息还很难使用，即使审批官原原本本地看到了这家企业的技术"很强"，但是能够对应到多少信贷额度，仍然难以判断。软信息这些特点，不仅使银行和企业之间外部信息不对称，银行内部也存在信息不对称，甚至审批人员自己内心也存在信息不对称（无法确定要为一家技术很好的企业提供多少授信额度）。在审贷分离、分级审批的原则下，要将软信息从企业源头无损地传递到决策者，并且转化为授信额度这一"硬信息"，需要进一步研究软信息的编码、传递和使用。当然，考虑到科技初创企业资本金严重缺乏，为了避免给银行和金融系统带来系统性风险，在测算科技企业授信额度时，一方面要避免信息损失，另一方面也需要避免对这些信息的放大。

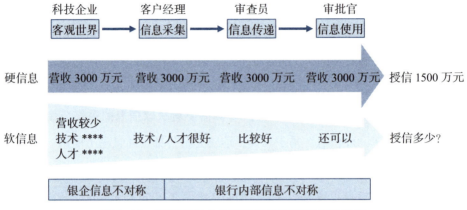

图5-16 科技初创企业授信计算需要考虑软信息

资料来源：兴业研究。

三、现有授信计算方法

科技初创企业的授信计算方法与成熟企业存在差异，但是最终目标——确保企业能够还本付息——是一致的。因此，在探索初创期的科技企业授信计算方法时，首先需要回顾和理解现有的企业授信计算方法，在对其中的要点进行充分借鉴的基础上，开发适合科技初创企业的授信计算方法。

（一）贷款管理办法

信贷管理制度是指用来规范信贷活动、控制信贷风险的一系列规章制度，其中对授信计算方面进行了规定。2024年，国家金融监督管理总局发布《固定资产贷款管理办法》《流动资金贷款管理办法》《个人贷款管理办法》（以下分别简称《固贷办法》《流贷办法》《个贷办法》，并统称为"三个办法"），"三个办法"自2024年7月1日起施行。《固贷办法》和《流贷办法》中均有提到授信计算方面的内容。

《固贷办法》更加适合成熟行业的成熟企业，不太适合新兴行业的初创企业。《固贷办法》中涉及的贷款通常是用于建造一个或一组大型生产装置、基础设施、房地产项目或其他项目，包括对在建或已建项目的再融资。《固贷办法》提到"（固定资产贷款的）还款资金来源主要依赖该项目产生的销售收入、补贴收入或其他收入"，贷款人在尽职调查时需要关注"借款人的还款来源情况、重大经营计划、投融资计划及未来预期现金流状况"，在风险评价与审批时需要"贷款人应建立完善的固定资产贷款风险评价制度，设置定量或定性的指标和标准，以偿债能力分析为核心，从借款人、项目发起人、项目合规性、项目技术和财务可行性、项目产品市场、项目融资方案、还款来源可靠性、担保、保险等角度进行贷款风险评价，并充分考虑政策变化、市场波动等不确定因素对项目的影响，审慎预测项目的未来收益和现金流"。然而，科技初创企业具有轻资产的特征，在分析收入类和偿债类指标时，往往较难达到标准。同时，科技初创企业一般属于新兴行业，没有可参考的经验，新兴行业属于新的生产要素的组合，技术路线方面具有很大不确定性，因此也无法准确测算项目产生的收入。例如一个水泥项目的销售收入很好测算，而一个创新药项目的销售收入就较难测算。

《流贷办法》中给出了流动资金贷款需求量的测算示例（以下简称测算示例），但是同样较难适用于科技初创企业。测算示例中提到，流动资金贷款需求量应基于借款人日常经营周转所需营运资金与现有流动资金的差额（即流动资金缺口）确定。借款人营运资金量影响因素主要包括现金、存货、应收账款、应付账款、预收账款、预付账款等。在调查基础上，预测各项资金周转时间变化，合理估算借款人营运资金量。然而，科技初创企业具有高成长的特点，"预计销售收入年增长率"可能会出现快速增长甚至成倍增长，而不仅仅是常规测算中采用的10%~30%的增长率。例如，一家企业处在已完成产品研发、建立销售渠道和市场推广的阶段，销售收入可能实现成倍的增长，来年的营运资金需求肯定会大幅增加。因此，对于科技初创企业等高成长企业，营运资金量计算的关键应该是"预计销售收入年增长率"。

新增流动资金贷款额度＝营运资金量－借款人自有资金－现有流动资金贷款－
其他渠道提供的营运资金

营运资金量＝上年度销售收入×（1－上年度销售利润率）×
（1＋预计销售收入年增长率）/营运资金周转次数

其中：

营运资金周转次数＝360/(存货周转天数＋应收账款周转天数－应付账款周转天数＋
预付账款周转天数－预收账款周转天数)

周转天数＝360/周转次数

应收账款周转次数＝销售收入/平均应收账款余额

预收账款周转次数＝销售收入/平均预收账款余额

存货周转次数＝销售成本/平均存货余额

预付账款周转次数＝销售成本/平均预付账款余额

应付账款周转次数＝销售成本/平均应付账款余额

图5-17　流动资金贷款需求量的测算公式

资料来源：《流动资金贷款管理办法》，兴业研究。

《流贷办法》第十九条提到，"贷款人可根据实际需要，制定针对不同类型借款人的测算方法，并适时对方法进行评估及调整"。考虑到科技企业与常规企业的不同，初创期的科技企业又和成长期、成熟期的科技企业不同，相对应的授信计算方法需要在此基础上进行调整。

（二）技术流方法

《科技金融与"技术流"评价体系》一书介绍了"技术流"专属评价体系，提出了以"技术流"预测"资金流"的思路。[①] 书中提到，"技术流"是"资金

---

① 中国建设银行科技金融创新中心.科技金融与"技术流"评价体系[M].广州:南方日报出版社，2021:102-105.

流"的补充而不是替代，"技术流"是能带来未来"资金流"的技术流，而不是无法盈利的、走不出实验室的"技术流"。由于"技术流"能够带来未来的"资金流"，因此，授信计算时可以在原有资金流测算额度上，增加"技术流贷款额度"。在考虑"技术流贷款额度"时应该有个锚点："技术流"的技术必须能带来收入，如果技术已经过时（例如BP机的专利），或者技术还不够成熟（例如某些前沿领域的专利），那么带来收入的能力会大大降低。

表5-3　"技术流"评价等级

"技术流"等级	等级释疑	差别化准入
T1	企业科研水平及技术创新能力卓越	重点支持
T2	企业科研水平及技术创新能力很强	
T3	企业科研水平及技术创新能力强	优先支持
T4		
T5	企业科研水平及技术创新能力优秀	
T6		
T7	企业科研水平及技术创新能力优良	选择支持
T8	企业科研水平及技术创新能力良好	
T9	企业科研水平及技术创新能力较为普通	基础支持
T10	企业科研水平及技术创新能力普通或不可评估	视为普通企业

资料来源：《科技金融与"技术流"评价体系》，兴业研究。

四、科技企业授信计算方法

（一）理论公式建立

综合考虑"资金流"和"技术流"，科技初创企业的营运资金量应该是"资金流营运资金量"加"技术流营运资金量"。《流贷办法》中的营运资金流可以视为"资金流营运资金量"，而"技术流营运资金量"还需要进一步测算。"技术流营运资金量"既需要考虑技术流评级（不同评级应该有所差别），又需要考虑企业当前的体量（同样评级，企业营收100万元还是1亿元应该有所差别）。

因此，一个简单思路就是"技术流营运资金量"等于"资金流营运资金量"乘以"技术流调节系数"，而"技术流调节系数"可以和"技术流"评级建立直接联系。

科技企业营运资金量
=资金流营运资金量+技术流营运资金量
=资金流营运资金量×（1+技术流调节系数）

图5-18　科技企业营运资金量思路

资料来源：兴业研究。

如果展开"资金流营运资金量"，合并"技术流调节系数"和"预计销售收入年增长率"，那么科技企业营运资金量计算的关键就是"未来收入预测"。 前面提到，常规企业测算中采用10%~30%的增长率预测未来收入，例如《中小企业融资指引》一书中提到，"可根据申请人的建议，确定最高25%的销售收入增长预测"[①]。而对于科技企业特别是科技初创企业，就不能简单地采用增长率来预测其未来收入，因为在低基数的情况下，增长率的取值范围会看起来比较夸张，但这可能是合理的。

科技企业营运资金量
=资金流营运资金量+技术流营运资金量
=资金流营运资金量×（1+技术流调节系数）
=上年度销售收入×（1-上年度销售利润率）×（1+预计销售收入年增长率）÷
　营运资金周转次数×（1+技术流调节系数）
=[**上年度销售收入**×（1+**预计销售收入年增长率**）×（1+**技术流调节系数**）]×
　（1-上年度销售利润率）÷营运资金周转次数
=**未来收入预测**×（1-上年度销售利润率）÷营运资金周转次数

图5-19　科技企业营运资金量计算公式

资料来源：兴业研究。

---

① 戴维·门罗.中小企业融资指引[M].林治乾,译.北京:中国金融出版社,2015:28-43.

（二）实务应用示例

在实务操作中，其中一种方法是自上而下地预测科技初创企业收入，即先预测一个细分行业规模，再乘以市占率。以光伏设备企业为例进行说明。

基于产业逻辑推导的方式对行业规模进行预测。行业规模的预测不能基于过去数据的线性外推（因为过去并不一定代表未来），也不能照搬下游客户的产能规划（规划产能会根据市场情况实时调整，并不一定形成实际产能），而是应采用底层逻辑推导的模式。对光伏设备市场来说，是采用装机量、容配比、库销比、产能利用率、新技术渗透率、更新迭代率等关键参数的假设来预测市场规模。

光伏设备行业的关键参数假设如下：

①光伏装机量采用中国光伏行业协会的乐观预测数据。

②容配比为光伏组件功率与光伏额定输出功率的比值，假设为1.15。

③库销比根据历年各环节产量计算，设置为110%。

④产能利用率的数据根据各环节的历史数据及行业扩产力度估计。

⑤组件、硅片产能采用更新迭代率，计算替换产能。

⑥电池片基于假设的各技术路线的渗透率，计算新增产能。

⑦硅料产能大多为近年新增，未采用更新迭代率，直接算新增产能。

⑧硅料、硅片、电池片、组件单位产能的设备投资单价分别是1.4亿元/GW、1.5亿元/GW、1.3亿~3.5亿元/GW（PERC 1.3亿元/GW、TOPCon 1.8亿元/GW、HJT 3.5亿元/GW）和0.6亿元/GW，并考虑一定的年降。

表5-4 光伏设备市场规模预测示例

		2021	2022	2023E	2024E	2025E
光伏需求						
全球光伏装机量	GW	170	230	350	360	386
容配比		1.15	1.15	1.15	1.15	1.15
终端组件需求	GW	195.5	264.5	402.5	414	443.9
组件设备预测						
组件库销比		110%	110%	110%	110%	110%

续表

		2021	2022	2023E	2024E	2025E
组件需求	GW	215	291	443	455	488
组件产能利用率		55%	55%	55%	55%	55%
组件产能	GW	391	529	805	828	888
组件新增产能	GW		138	276	23	60
更新迭代率			20%	20%	20%	20%
组件更新产能	GW		78	106	161	166
组件新增＋替换产能	GW		216	382	184	225
组件设备投资单价	亿元/GW		0.6	0.6	0.6	0.6
组件设备市场空间	亿元		130	229	110	135
电池片设备预测						
电池片库销比		110%	110%	110%	110%	110%
电池片需求	GW	237	320	487	501	537
电池片产能利用率		60%	60%	60%	60%	60%
电池片产能	GW	394	533	812	835	895
PERC设备预测						
PERC产能比例		98%	94%	73%	45%	15%
PERC产能	GW	386	501	593	376	134
PERC新增产能	GW		115	91	0	0
PERC设备投资单价	亿元/GW		1.3	1.3	1.2	1.2
PERC设备市场空间	亿元		150	118	0	0
TOPCon设备预测						
TOPCon产能比例		1%	5%	25%	50%	70%
TOPCon产能	GW	4	27	203	417	627
TOPCon新增产能	GW		23	176	215	209
TOPCon设备投资单价	亿元/GW		1.8	1.8	1.7	1.7
TOPCon设备市场空间	亿元		41	317	365	356
HJT设备预测						
HJT产能比例		1%	1%	2%	5%	15%
HJT产能	GW	4	5	16	42	134
HJT新增产能	GW		1	11	26	93

续表

		2021	2022	2023E	2024E	2025E
HJT设备投资单价	亿元/GW		3.5	3.5	3.0	3.0
HJT设备市场空间	亿元		5	38	77	278
PERC+TOPCon+HJT设备预测						
电池片设备市场空间	亿元		195	474	441	633
硅片设备预测						
硅片库销比		110%	110%	110%	110%	110%
硅片需求	GW	260	352	536	551	591
硅片产能利用率		60%	60%	70%	70%	70%
硅片产能	GW	434	587	765	787	844
硅片新增产能	GW		153	179	22	57
更新迭代比例			5%	5%	10%	10%
硅片更新产能	GW		22	29	77	79
硅片新增+替换产能	GW		175	208	98	136
硅片设备投资单价	亿元/GW		1.5	1.5	1.5	1.5
硅片设备市场空间	亿元		262	312	148	203
硅料设备预测						
硅料组件产能换算	GW/万吨	3.5	3.5	3.5	3.5	3.5
硅料产能利用率		90%	70%	60%	50%	50%
硅料总产能	万吨	62	108	192	237	254
硅料新增产能	万吨		46	84	45	17
硅料设备投资单价	亿元/万吨		4	4	4	4
硅料设备市场空间	亿元		184	335	180	68
光伏设备空间预测（硅料+硅片+电池片+组件）						
光伏设备市场空间	亿元		771	1350	879	1040

资料来源：兴业研究（预测的时间点为2023年12月）。

　　预测企业能够达到的细分市场的市占率，进而预测企业未来收入。使用市占率进行预测暗含的意义是科技初创企业的市占率要能达到一定门槛。科技初创企业在细分市场的市占率门槛一般是5%~10%。其背后的逻辑是：科技初创企业成立的时间较短，缺少收入和抵押，科技初创企业所在的行业也较新，技术路线也面临不确定性，因此只有在细分市场占有一定份额，才能得到市场的初步认可，才能将预期兑现为现金流。为减少市占率预测误差的影响，企业需要精确定位到细分行业。如果行业不够细分，将会使得市场空间预测过于乐观。仍以光伏设备行业为例进行说明，如果一家光伏设备生产企业具体从事组件设备行业，那么对应的组件设备2023—2025年的市场规模是229亿元、110亿元、135亿元，而不是整个光伏设备行业的1350亿元、879亿元、1040亿元，如果预计的市占率分别是5%、7%、10%，那么企业的未来收入预测分别是11.45亿元、7.7亿元、13.5亿元，而不是67.5亿元、61.53亿元、104亿元。

（三）不确定性分析和应对

企业能否实现预测的未来收入具有不确定性，因此在预测未来收入的基础上，还要分析企业实现这个收入的概率。科技初创企业本身的存活率较低，只有在企业存活的情况下，才可能实现这个预测的收入，而企业倒闭的情况下，收入是零。银行贷款不良率约为1.59%，也就是企业客户的存活率至少是98.41%。低于这个比例会导致银行因不良率过高而难以生存。预测企业收入只是一方面，银行还需要判断企业未来发展的确定性，要从科技初创企业整体中找到其中优秀的个体。**对于科技初创企业的确定性分析，可以采用第一节的科技型企业评价方法进行评价。**

进一步解决科技初创企业授信的确定性问题，不仅需要银行完善授信计算方法，还需要进行产品创新，并配套政策性金融安排。科技初创企业的"低胜率"必须要通过"高赔率"进行弥补。贷款的盈利模式是收取固定利息，该模式承担了科技初创企业的高风险的一面，但是没有享受到高成长的一面。换句话说，贷款没有办法通过分享好企业成长的红利，来抵消企业违约的损失。即使科技初创企业是众星捧月的独角兽，仍然存在一定的失败概率。

为了使商业银行将能力圈扩展到"投早、投小、投硬科技"，在此提出三点

建议。第一，银行积极拓展"信用贷+认股权"等信贷+期权合作模式，使得银行能够分享到科技初创企业的高成长，来弥补银行对科技初创企业信贷的高风险，从而实现商业化的可持续，同时需要在操作层面理顺营销方案、盈利计算、激励机制、退出渠道等挑战；第二，政府引导基金、中小企业发展基金专门设定一定的资金池，对初创期的科技企业的入股选择权进行择优收储，发挥乘数效应，从而进一步推动信贷资金对科技初创企业的支持力度；第三，针对科技初创企业（科技小微）设定区别于普惠小微和科技金融的专门考核，同时融资担保、风险补偿、再贷款、合作创新采购等机制对科技初创企业有所侧重，从而发挥科技初创企业的策源作用，促进科技创新从点状突破向全面引领。